David Zeisberger

Essay of a Delaware-Indian and English Spelling-Book

For the use of the schools of the Christian Indians on Muskingum River

David Zeisberger

Essay of a Delaware-Indian and English Spelling-Book
For the use of the schools of the Christian Indians on Muskingum River

ISBN/EAN: 9783337377212

Printed in Europe, USA, Canada, Australia, Japan

Cover: Foto ©Lupo / pixelio.de

More available books at **www.hansebooks.com**

OF A

Delaware-Indian and *English*

SPELLING-BOOK,

FOR THE

USE OF THE SCHOOLS

OF THE

CHRISTIAN INDIANS
on *Muskingum River.*

By DAVID ZEISBERGER,
MISSIONARY among the *Western Indians.*

PHILADELPHIA,
Printed by HENRY MILLER. 1776.

NOTE.

THE Indian Words are all spell'd as the Latin or German, and every Letter is pronounced.

Ch sounds not as in the English *Tsch*, but like *c* before *o* or *u*, or *k*; or as *ch* in the Word *choir*.

W before a Consonant is nearly pronounced as *uch*, when the Letter *u* almost loses its Sound.

oa after *w* is pronounced together, and the Sound of the two Vowels so mixed that the Hearer cannot well distinguish the one from the other.

As the Accents may easily be misplaced, they will be best learnt with the Language; for this Reason as well as for the Convenience of the Printer they are entirely omitted.

The Delaware Indians have no *F* and no *R* in their Tongue.

The

The Alphabet.

A B C D E F G H I J K L M N
O P Q R S T U V W X Y Z Æ
a b c d e f g h i j k l m n o
p q r ſ s t u v w x y z æ œ
*A B C D E F G H I J K L M N
O P Q R S T U V W X Y Z Æ
a b c d e f g h i j k l m n o p
q r ſ s t u v w x y z æ œ*

Vowels,
a e i o u y

Diphthongs, or Two Vowels making but one Sound:
aa, ae, oe, ee, ue, ie, oo, ai, ay, ei, eu, ey, au, oa.

Consonants,
b c d f g h k j l m n p q r s t v w x z.

Arithmetical Figures,

1	2	3	4	5	6	7	8	9	10	11
I	II	III	IV	V	VI	VII	VIII	IX	X	XI

12	20	40	50	60	90	100	500	1000
XII	XX	XL	L	LX	XC	C	D	M CIƆ

Double Letters,
ct ff ffi ffl fi fl fb fh fk fl ff ffi ft &

Stops,
, ; : ? ! .

Syllables.

Ba ca da fa ga ha ja ka la ma na pa ra ſa ta va wa za. Be ce de fe ge he je ke le me ne pe re ſe te ve we ze. Bi ci di fi gi hi ji ki li mi ni pi ri si ti vi wi zi. Bo co do fo go ho jo ko lo mo no po ro ſo to vo wo zo. Bu cu du fu gu hu ju ku ju mu nu pu ru ſu tu vu wu zu.

Ab ac ad af ag ah ak al am an ap ar as at av ax az. Eb ec ed ef eg eh ek el em en ep er es et ev ex ez. Ib ic id if ig ih ik il im in ip ir is it iv ix iz. Ob oc od of og oh ok ol om on op or os ot ov ox oz. Ub uc ud uf ug uh uk ul um un up ur us ut uv ux uz. Ab eb ib ob ub al es or ur ir er ar in un an en on ut ax ex om im ex ix uf ud of if ef af ek ik ak uk as ok ec ic ac uc oc ul os il et am og yp ed od id ig ag eg el is ip ix ez uz az op ug at ap ot

Syllables of three Letters,

Ban bog bul bit ben bim bin den bom bun car cir cur cor cer dun dan bam din don fal ful fel fol fil hat hit hut het hom nos nas nis nus nes bad bal bar bat bel ber bis bug bus cad cal dar das dar des dir dis dom dor dum gad ger gog gen ham her hod hul hor jam jun kam kis fig las lob log lud lug lus mal man mir mit ner nob nun nur pil rad rar reh rib roh rom ras ſam ſeb ſem ſin ſur tax tob ton ver von vor wag war was weg weh wen wer wir wol wut zog zol zug zur.

* * *

Bla bra cha cla cra dra fla fra gla gra kna pha pla pra qua ſca ſka ſla ſma ſna ſpa ſta tha tra.

Ble bre che cle cre dre fle fre gle gre kne phe
ple pre que ſce ſke ſle ſme ſne ſpe ſte the tre.
Bli bri chi cli cri dri fli fri gli gri kni phi pli pri
qui ſci ſki ſli ſmi ſni ſpi ſti thi tri. Blo bro cho
clo cro dro flo fro glo gro kno pho plo pro
quo ſco ſko ſlo ſmo ſno ſpo ſto tho tro. Blu bru
chu clu cru dru flu fru gru knu phu plu pru ſcu
ſku ſlu ſmu ſnu ſpu ſtu thu tru.

Words of one Syllable.

A AK, go ye
Aal, go thou
Aam, ſo
Aan, to go
Chumm, daughter in law
Chaaſch, Light
Chans, oldeſt Brother
Chey, Skin
Chuck, Cough
Ees, yet
Eet, perhaps
Gok, Money
Gooch, thy Father
Guhn, Snow
Hoos, Kettle
Humm, Louſe
Ju, well than
Ill, ſay, tell
Jun, here
Ki, Thou
Kihk, Thine
Kaak, Gooſe

Koom, Thou comeſt from thence
Ktee, thy Heart
Kta, Thou goeſt
Kpa, Thou comeſt
Li, to, towards
Lil, ſay, tell me
Ma, there it is
M'bi, Water
Mil, give
Moop, He came from thence
Moos, Cow
Mis, oldeſt Siſter
Mihn, Huckleberry
Mſim, Hickory-Nut
Machk, Bear
Nal, fetch
Nan, that, this
Ni, I
Nihn, mine
Nik, thoſe
Nil,

Nil, these
Nitsch, Child
Noom, I come from thence
Nachk, my Hand
Nooch, my Father
Paal, come thou
Paak, come ye
Paan, to come
Pihm, to sweat
Pischk, Night-Hawk
Pit, perhaps
Poam, Hind Leg
Quatsch, why
Quin, long
Schwon, four
Schind, spruce
Ta, where
Taat, as if
Tschitsch, more, again
Tschil, don't
Tschuk, but
Tumb, Brain
Wdan, Daughter
Wdee, Heart
Wo, O
Woak, and
Wimb, Heart of a Tree
Wik, House
Wihl, Head
Wahh, Egg
Wdoon, Mouth
Wum, he came from thence
Wtscheet, Sinew
Wtenk, after, behind

Compound Words, or Words of two Syllables.

AB toon, speak
Ab tschi, always
Ach gook, a Snake
Ach pil, stay, abide
Ach pihn, to be somewhere
Ach po, he is at Home
Ach poan, Bread
Ach quil, put on
Ach sun, a Stone
Ach tu, a Deer
Ach won, strong
A has, Crow
A ji, take it
A lett, rotten
Al lum, Dog
Al luns, Arrow, Bullet
A man, fishing Hook
A mochk, Beaver
A ney, Road, Path
An gel, to die
Ask chey, fresh Skin
At ta, no
At tach, above, beyond
Au ween,

Au ween, who
A wonn, Fog
Bi schi, yes indeed
Be son, Physic
Blae u, Turkey
Chei ak, Skins
Chci ho, Body-Louse
Chas queem, Indian Corn
Chees mus, Sister
Chum mall, his Daughter in Law
Chwe li, much
Chwe lit, a great deal
Chwel tol, many
Com moot, to steal
Cu we, Pine
E hes, Muscle
E jaat, he goes
E lank, we tell him
E leek, as it is
E li, because
End chi, as many
En den, to be so, to do so
Es quo, not yet
E teek, it is here
E wak, they go
Gach pall, take him out
Gach pees, a Twin
Gach tun, Year
Ga gun, Stocking
Ga han, shallow
Ga munk, on the other Side of the Water
Gat ta, do you want
Gau wil, Sleep
Gau win, to sleep
Geb tschaat, a Fool
Geesch teek, hot
Giech gi, close by
Gi hihm, to admonish, exhort
Gisch gu, Day
Gi schuch, Sun
Gisch que, To-day
Gi spu, to have eaten enough
Gla xu, light-minded
Glat ten, frozen
Gli stam, to hearken, listen
Glu xu, he laughs
Go han, yes
Gok hoos, an Owl
Gub tscha, foolish
Gun den, you get it of
Gu ni, a long while
Gun ta, swallow it
Gusch si, you are hot
Gut gu, Knee
Gut taasch, six
Gut ti, one
Ha ckey,

Ha ckey, the Body
Ha cki, Earth, Ground, Land
Hap pis, a Band to carry with on the Back
Hat tees, Sinew
Hat toon, it is put there
Hi ckan, Tide of Ebb
Hoc quoan, Pot-Hook
Huc qui, the Chin
Hup peechk, Rain Worm
Huſ ca, very much
I cka, there
I li, yet
Juch nook, well than ye
Ju cke, now
Ju lak, yonder
Ka tſchi, don't
Kee pe, thou likewiſe
Kihn ſu, ſharp
Ki key, old
Ki mat, thy Brother
Ki mi, ſecret, private
Klol tin, to contend, quarrel
Kni ta? can you
Ko cu, what, ſomething
Kpa hi, ſhut the Door
Kpa hoon, Door
Kpas ka, ſtop it
Kpat ten, frozen over with Ice
Kſcha tey, Tobacco
Kſchie chem, waſh him
Kſchie cheek, clean
Kſchie chi, clear
Kſchiech ſu, he is clean
Kſchiech tool, waſh it, cleanſe it
Kſchi laan, it rains hard
Kſchi pſi, you got the Itch
Kſchi pſu, one that hath the Itch
Kſchup pan, dull
Kſin que, waſh your face
Kſuc quon, heavy
Kta ckan, another
Ktſchit te, when he comes out
Ktol len, I tell you
Ktſchol tik, come ye out
Ktu ckil, turn back
Lach can, ſharp of Taſte
Lach xu, angry
Lal ha, ſcrape it
Lal ſchi, cut it ſmooth
Lan gan, light, eaſy
Lap pi, again
Lat te, if he tells him
La wat, long ago
Le kau, Sand
Leek ham, to write
Len ni, hand it
    Len no,

Len no, a Man
Len nos, a little Man
Le u, it is so
Lie chi, lie down
Lie chil, come down
Lie chin, he lieth down
Li han, done to him
Li ho, do it to him
Lin chen, West Wind
Lo cat, Flour, Meal
Lo can, Hip, the Joint of the Thigh
Lo wan, Winter
Lu e, say on, tell
Lu een, it is said
Lu eep, he said
Lus su, burnt
Lüs si, do it
Lüs su, he doth
Mach quin, swelled
Mach quik, there are Bears plenty
Mæ nachk, a Fence, Fort
Mas keek, Swamp
Mas gik, Grass
Ma tschil, go Home
Ma tschit, if he goes Home
Mat ta, No
Ma wat, only one
Me cheek, great, big

Med hick, Evil
Mee ken, to give away
Me kib, Corruption, Matter
Mel laam, to smell
Me neel, Drink
Mee neet, a Drunkard
Me quit, bloody
Me tschi, already
Mi gun, a Quill, Pen
Mi lach, Hair
Mi lan, it is given him
Mi nall, Huckleberries
Min schu, he is glad
Mi zu, he is eating
Moo cum, Blood
Mooch we, Worm
Moon ham, to dig
Moo sak, Cattle, Cows
Mu ckoos, Awl, Nail
Na cha, three
Nach pi, with
Na da, to you
Na hib, down the River
Na la, to fetch
Na mees, Fish
Nan ni, this or that
Nall nil, them, they, these
Nan quon, the Heel
Nat chen, it is all gone
Ne lak, beyond

B *Ne men*,

Ne men, to see
Ne pe, likewise I
Ne wo, four
Nie chil, come down
Ni ma, to make Provision
Ni mat, Brother
Ni pen, Summer
Ni poop, he stood
Ni pu, he stands
Ni schasch, seven
Ni schi, two
Nis ksu, nasty
Ni ta, I can
Ni tis, Companion
Ni tschaan, Child
Nol hand, lazy
Nu tschi, Beginning
Nutsch que, for Nothing
O chung, at his Father's
Och wall, his Father
O joos, Meat, Flesh
Pa chat, split
Pach geen, to turn out of the Road
Pa hump, he came
Pa ja, I come
Pa jenk, we come
Pa kihm, Cranberries
Paal su, sick
Pa te, if he comes
Pe cho, by and by
Pem mi, yet to this Time
Pem sit, one walking
Pen dam, to hear
Pesch gunk, nine
Pee soop, he waited
Pe toon, to bring
Pe tschi, until, unto
Pe u, he comes
Pe wak, they come
Pi li, another
Pil kisch, Peach, a Fruit
Pi mook, go to sweat
Pin den, to put in, to fill
Pin di, put in, fill up
Pis geep, it was Night
Pit eet, perhaps
Pi xu, ragged, rent
Pkin dey, light Ashes
Pli tey, a great Junk of Fire, a Fire-Brand
Pooch psu, weak
Pol gun, escaped from me
Po luk, it escaped from me
Po mi, Fat, Oil, Tallow
Pom si, to walk
Pon gus, Sand-Fly
Pon xu, full of Sand Flies
Poo ktees,

Poo ktees, a little Junk of Fire
Pſchi ki, pretty, fine
Pſind ha, cover it with Earth
Ptuc quim, Walnut
Pund heen, to weigh
Pu tſcheek, the Corner of a Room
Quatſch eet, why
Que neek, the Length of ſome Thing
Quis ſall, his Son
Quis ſis, your Son
Quit tell, forbid him
Quo chook, he is afraid of you
Quon na, however, neverthelefs
Sac ſac, a Sort of wild Beans
Sa ken, to come up, out of the Ground, Seed to come up
Scha wi, immediately, directly
Sche jeek, a String of Wampum
Schees quim, Bran, the Huſks of Corn
Schin gi, unwilling, diſliking
Schwe wak, Salt Meat
Schwon nac, Europeans, white People
Sed pook, early in the Morning
See ki, ſo long
Sha cki, as long
Si key, Salt
Sin geck, a Corner of a Houſe
Si po, Creek, River
Si quon, Spring of the Year
So can, the hind Part of any Creature
Soo pſu, naked
Sun gi, eat firſt
Taam ſe, ſometimes
Ta chan, Wood
Tach quoch, a Land-Turtle
Tæ u, cold Weather
Ta keet, I don't know
Tal li, there
Ta ni, where, which
Ta taſk, a Sled
Ta tchen, how much
Tchal laan, Indian Bedſtead
Tee pi, enough
Thit pan, bitter
Thup peek,

Thup peek, a Well, Spring
Tin dey, Fire
To pan, Frost
Tpo ku, Night
Tschetsch pat, it differs, doth not agree
Tschetsch pi, asunder, apart
Tschi li, don't
Tschin ga, Pike, a Fish
Tschin ge, when
Tschi pey, a Spirit
Tschi pi, wonderful
Tschi ta, or
Tscho lens, a Bird
Tschuk und, but then
Tschup pic, Root
Tsqual lac, Frogs
Tul pe, a Water- or Sea-Turtle
Tu taam, to set on (the Dog)
U men, he comes from thence
Un tschi, because, from, of
U tsche, a Fly
Wach tey, the Belly or Stomach
Wach tschu, Mountain

Wach tschunk, on the Mountain
Wahh wall, Eggs
Wan quon, the Heel
Wda nall, his Daughter
Wdull he, the Breast
Weel choos, Stallion
Wel hik, the best
W'el sit, the best, holy
Wee mi, all
Wen gup, he came from
Wen tschi, therefore
Wees ki, a little while ago
Wi ckasch, the Nail on Hand or Foot
Wi ckaat, the Leg
Wik he, to build a House
Wi kit, his House
Wik tschi, the Bottom of a Keg or Tub
Wi kul, Fat, Tallow
Wil su, fat Meat
Wi lünk, on the Head
Wi nakch, Sassafras
Wi neep, it snowed
Win gan, sweet
Win gel, tasting good
Win gi, fain, gladly
Wi nu, ripe
Win xu, ripe (Fruit)
Wi pit,

Wi pit, Tooth
Wi pochk, a Bush, a Grub
Wi quey, an Indian Trunk or Box made of Bark
Wi quoam, House
Wi quon, dull
Wi squon, Elbow
Wi su, fat, fleshy
Wi tschu, the Calf of the Leg
Wi te, go along with
Wi wall, his Wife
Wi wasch, Bundle, Load
Wi wu, he is married
Woa cus, a Fox
Woa lac, a Hole
Woal heen, to dig a Hole
Woa pak, Water-Beach
Woa pan, the Morning
Woap chwees, Martin, a little wild Beast
Woa peek, white, Jensy Root
Woa pim, Chestnut
Woa pink, Opossum, a wild Beast
Woa psu, white
Woch gan, Bone
Wsa mi, too much
Wsche ton, the Lip
Wschum mo, a Horn
Wsi gau, Sun-setting
Wsi tac, a Handle
Wsup pi, Sap of Trees
Wte him, Strawberries
Wtel li, so, thus
Wtell sin, to be so, to do so
Wu li, yonder
Wu lit, good
Wun tschi, from, thereof
Wun tschim, call him
Wusch gink, Eye, Face
Wusk chum, a young Creature
Wus ken, new
Wus ki, new, newly

Compound Words or Words of three Syllables.

*A*CH *ge gim*, to teach, instruct
Ach gük bi, Elm-Tree
Ach gum hok, cloudy
Ach gun nau, he is cloathed
Ach gus su, the Kettle is burnt

A chi bis,

A chi bis, to bind up or drefs a Wound
A cho wat, hard, heavy, dangerous
Ach pam ſu, he walks about
Ach pe quot, wounded
Ach pi ney, a Place to fleep on
Ach pi quak, Fleas
Ach pi quon, Flute, Pipe
Ach pi tetſch, let him ſtay
Ach pi xu, full of Fleas
Ach po em, ſweet dried Corn
Ach po quees, a Mouſe
Ach pus ſi, to roaſt
Ach quo nau, hauled, catched with the Net
Ach sün nall, Stones
Ach tſchin gi, I am obliged, I muſt
Ach tu hu, where Deers are plenty
A ho wal, love him
A lap pa, To-morrow
Al lau win, to hunt
A len de, ſome
A let tool, they are rotten
Al hac quot, ſtormy, rainy Weather
A lo ku, lean, poor
Al lum ſi, go along
Al lun ſall, Arrows, Bullets
A man gi, great, big, large
A me mens, a Child
A me mi, a Pigeon
A mo chool, a Canoe
A mo e, a Bee
A mu il, riſe up
A mu ip, he is riſen up
A na can, a Mat
And han ni, Bull-frog
A ne chu, Bark
A ne na, by Degrees
An gel loop, he died
An gel luk, he is dead
A ni ſchik, I thank you
Ank hit toon, to loſe
A no ſchi, a Shoe-String to tie the Shoes with
A pi tſchi, by and by, in a little while
A pu at, eaſy
A ſcho will, to ſwim
As ſis cu, Mud, Clay
As ki wi, raw,
Aſp och we, aſcend, to go up
A tſchi mo, one who relates or tells ſomthing

A uch ſu,

A uch ſu, wild (Creature) hard to deal with
Au wee ke, to uſe
Au wee ni, who is it
Au wee nil, who are they
Au we ſis, a Beaſt
A wen dam, to ſuffer
A wos ſi, warm yourſelf
A wos ſoop, he warmed himſelf
Chi qua ſu, patched, Shoes ſoaled
Chit que u, deep Water
Choan ſchi can, Virginia
Chot ach sün, a large Stone
Chot tſchin ſchu, a large Bowl
Cho was quall, old dry Graſs
Chup pe gat, deep, high Water
Chwa wach to, dear, of great Price
Chwel ham mook, great many Tracks
Cla hi can, Trap
Clam ach pin, to ſit ſtill, to be quiet
Clam mie chen, it lies ſtill, the Work does not go forward
Clam mie chin, to be at Leiſure
Clam pee chen, ſtill or dead Water
Co bach can, thick
Com bach quall, Leaves of a Tree
Com moot geen, ſtolen
Dac quach tſchin, to be cold, freeze
Da mas cus, a Muſk-rat
E hach ping, a Place
E hach pit, his Place
E hach quing, Clothing
E hach quit, his Cloth
E ja jan, wherever you go
E lan gup, what we told him
El gi gunk, as big, as wide
El gi len, as tall as you are
El gi qui, as, in the ſame Manner
E li cus, Ant, Piſmire
E li wi, both
E lo weet, what he faith
Eel ſi jenk,

Eel ſi jenk, ſo as we are
Eel ſit te, if he was ſo
Em hoa nis, Spoon
End chi jeek, as many as you are
End chi jenk, as many as we are
En de neep, it was ſo
En hau wil, pay me
En hike, to pay
E pi ank, ⎫ where we
E pi jenk, ⎭ are
E qui wi, under
E ſchi wi, through
E ſchooch we, to go through
Es pen ni, lift it up
E ſquan de, the Door
E ſquo ta, not yet
Ga chan ne, if, whether
Gach hach gik, wild Bay-Tree
Gach ga mun, roaſted Corn
Gach pal laap, hauled out of the Water
Gach pat tol, haul it out
Gach ſa ſu, dried
Gach ſum men, to make dry
Gach te u, dry
Gach te wall, they are dry
Gach ton quoam, to be ſleepy
Gach to tam, to long for
Gach tün getſch, next Year
Ga gach ti, moſtly
Ga ho wees, Mother
Gand hat ton, to hide, conceal
Gand hi can, Setting-Pole
Gan ſcha puchk, a Rock
Gas hi can, a Clout to wipe off with
Gat ta tam, to want, deſire
Gau wi u, he is aſleep
Gau wol tin, they all are aſleep
Ge gau wing, the Bed
Ge gach xus, Lizard
Ge kſchi teek, a Stove
Ge len ni, take hold
Ge len nil, hold me
Gel le nuk, he holds me
Ge nach gunk, in thy Hand
Ge na mau, to thank him
Ge na mo, thank him
Ge na muk,

Ge na muk, he thanks me
Gen do wen, Sunday
Gend ſi tat, the Ball of the Foot
Ge ſchiech ton, to waſh
Ge ſcund hac, Pumkins
Gich ge chum, the old one or Mother of the young ones of Beaſts
Gi giſch quik, To-day paſt
Gintſch lin ni, a little while ago
Gi ſchach teek, a Shine, Light
Gi ſcha pan, it is Day-break, morning-light
Gi ſchie chen, done
Gi ſchi gin, born
Gi ſchi gu, he is born
Gi ſchik been, to finiſh a Houſe
Gi ſchi toon, it is done, finiſhed
Giſch kſchum men, to cut with a Knife
Giſk ha que, to cut or chop with the Axe
Gis pu in, to be ſatisfied, to have eaten enough
Glük ſo wak, they laugh

Glup piech ton, turn it about
Glup pi getſch, it muſt be turned
Go han ſo, it is taken out
Gok ho tit, a little Owl
Gol hat toon, have you put it up
Go pe ne, about, there-about
Goſch go ſchak, Hogs
Go woa ha? do you know him
Go woa ki? do you know me
Go woa huk, he knows you
Gu la queen, good Evening
Gül kis ſi, you laugh
Gu luc quot, lame
Gu lu xu, he is lame
Gu me neen, we come from
Gu na quot, long, high
Gu na xu, it is long
Gun da can, Throat
Gun da ſchees, Water Snake
Gun na mochk, Otter
Gu ne u, long
Gu nin ſchu, a Trough
Gun tſchim ge,

C

Gun tfchim ge, you are called
Gun tfchi muk, he called you
Gu fchach fi, you are in the Smoke
Gut tan da, tafte it
Gu win gi, you would fain
Hap pach pun, a Bench, Chair
Hat ta pe, a Bow
Hat te u, he has, or it is
Hi kach quon, the Skin
Hob be nac, Potatoes
Hob be nis, a Turnip
Ho kes fall, old Bark
Ho pich quey, a Rib in the Body
Ho pi quon, the Fore-Shoulder
Ho poa can, a Pipe
Ho poch quan, the Side
Ia hel laap, a Net
Ja pee chen, along fhore, along the River Side
Ja pe wi, on the River Side
I jab tfchi, yet
Iu kel la, I wifh
Ju wun tfchi, from hence
Ke chit ti, a little
Ke hel la, yes
Ke mi lan, you give him
Ke pe na, we likewife
Ke pe wo, ye likewife
Ke wik he, you are a-building
Kid han nünk, in the main River
Ki ke u, he mends, grows better
Kik hi can, ⎫ a big, large
Kik hit tuk, ⎭ River
Kik och quees, a Virgin, fingle Woman
Ki lu na, we and all the reft
Ki lu nook, we all together
Ki lu wa, ye
Ki mi xu, he went off privately
Ki ne u, fharp
Kin ham men, to fharpen
Ki tfchi wi, verily, furely
Kit te linfch, the Thumb
Ki wi ke, to vifit
Klol to wak, they quarrel
Ko tfche munk, out the Doors
Kpac ki luk,

Kpac ki luk, he thrust, cast you away
Kpa ha ſu, shut up
Kpa hi can, a Stopper
Kpa hi mo, ye come
Kpal lich gun, it hurts you
Kpaſk ha ſu, stopped
Kpit tſche u, he is foolish
Kpit tſche wak, they are foolish
Kſac pat ton, make it wet
Kſchat tee chen, beaten (Road)
Kſchie che u, clean
Kſchiech hen ſik, wash ye yourselves
Kſchiech pe cat, clean Water
Kſchi lin ſche, wash thy Hands
Kſchi pas quees, green Grasshopper
Kſchit te u, warm, hot
Kſchooch we u, he walketh fast
Kſin ach po, he is at Leisure
Kta hoa lell, I love thee
Kta hoa luk, he loveth thee

Kte hen na, our Hearts
Kte hu wa, your Heart
Kte liech ton, it is your doing
Ktell gu neen, you told us
Ktel li neen, tell us
Ktel lo hump, I told thee
Ktel lon quoam, you dream
Ktell ſi neen, we are so situated
Kte ma xoop, he was poorly
Kten ha gun, you are paid
Ktſchi hil lal, speak the Truth
Ktſchi quoa can, a Gun-Drawer
Ktün de neen, we are so
Lach pi cu, he grows fastly
Lach piech ſin, speak quick
La ke ju, Nation
La ku ſu, to climb
La mie chen, slanting
La mo wo, slant
Lap hat ton, to make it good again, to mend it
Lap piech ſi,

Lap piech fi, tell it over again
La wach to, it cofts, it is worth
La want pe, Crown of the Head
La wu linfch, the Palm of the Hand
Le chau waak, a Fork
Le che won, Breath
Leek ham men, to write
Leek ha fu, written
Leek hi ge, do you write
Le la wi, the Middle, Half
Len na meek, a Chop-Fifh
Len na pe, an Indian
Len nik bi, white Wood Tree
Len nit ti, a little while
Len no tit, a little Man
Len no wak, Men
Le poa tfchik, wife Men
Lie chi u, he cometh down
Li bi neen, do unto us
Li nach ke, reach your Hand
Li na quot, like unto
Li na xu, he is like unto

Linc te u, it melts
Lin que chin, to look at a Thing
Linfch ga nall, Fingers
Lin xa fu, melted
Li te ha, to think
Li wie chin, to reft
Lo can nall, the Hips, Joints of the Thighs
Lo hi can, the Fore-Finger
Lok fchum men, to cut fine
Lool tün ke, if they go
Lo quach fi, look at it
Lo wi laan, the Rain is over
Lu e u, he fays
Lu e wak, they fay
Lun fu we, to fing
Lu fa fu, burnt
Lu te u, it burns
Lüt toon heen, to preach in that Manner
Lu wun foop, he was named or called
Ma chee li, many, much
Ma chiech fi, to speak loud
Machk a lett, rufty
Mach ke u, Red
Machk te u,

Machk te u, Evening or Morning-Red
Mach quis ſu, ſwelled
Mach ta geen, to fight
Mach tan do, the Devil
Mach ta pan, bad Morning-Weather
Mach ta peek, bad Time, War-Time
Mach tit ſu, bad
Mach tis ſu, he is bad
Mach to gat, a Grave
Mach ton quoam, to have a bad Dream
Mach tſchik bi, Papa Tree
Mach tſchi pak, old Shoes
Ma chwe u, great, large
Mach xum men, to dye red, to give it a red Colour
Ma hel lis, a Flint
Ma ja wi, only, merely
Mal lach ſchi, as if
Ma la luns, Iron-Wood
Mal li cu, Witchcraft
Mall ſan nuc, the Arrow-Flint
Ma ma lis, a Fawn
Ma ma won, Eyebrow

Ma min tſchim, to praiſe
Mam ſcha lan, to remember him
Mam ſcha li, remember me
Man do mau, he is blamed
Ma ni toon, to make
Ma no queen, to ſcalp
Man ſchas queen, to mow
Ma nun xu, he is angry
Mas gi quall, Graſs
Mas ke kunk, in the Swamp
Ma tſchach tol, carry it away
Ma tſchach toon, to carry or bring away
Ma tſchi tam, let us go
Ma tſchi u, he is gone
Ma wach po, a Collector
Ma wim gun, reconciled
Ma win ſin, to gather, pick up
'M bi achk, a Whale
'M bis ſis, a Lake or Pond
Me chak gill, tall, high in Stature
Me cha meck, wild Rhubarb, a Root
Me chas ktſchat,

Me chas ktschat, thick-bellied
Me chin qui, large, great
Me cho wak, an old Tree
Med ha cke, Matter
Meech gi lük, the big, great one
Meech han nek, a large River
Meech xi tschik, the red ones
Meen ha sik, Scum
Me gun gi, merely, pure
Me hit tschi, barren, unfruitful
Me hit tuk, a Tree
Me hoc quin, bloody
Me lan dam, to vomit
Me me kisch, a Sheep
Me me u, a Woodcock
Me nach gak, a Fence-Rail
Me nach günk, in the Fence
Me nan tac, Spruce, Cedar or Pine Swamp
Me na tey, an Island
Me nee ton, to spend in drinking
Men giech su, a Swan
Me nie chüng, Congregation
Me nüp peek, a Lake or Pond
Me sa quem, a Corn-Ear
Me scha can, a Wound
Me scha gel, sit down
Me schic chin, to stumble
Mes si pook, the River driveth with Ice
Me sis su, whole
Mes si xu, naked
Me ta chan, Fire-wood
Me tak ho, to cover
Me tel len, ten
Me tschi mi, soon
Me tschi tschank, Soul, Spirit
Miech bo we, a Feather, the Plume of Birds
Miech ha quall, Moss on the Trees
Miech hee ken, Hair or Wool
Miech ponk tey, white Ashes
Mi go mi, to put in Mind, remember
Mi gu nak, Quills
Mi li me,

Mi li me, give me some Time or other
Mi li tak, Father-in-Law
Min ach poan, Huckleberry-Bread
Min gach sa, better
Mis sche u, he killed a Deer
Miss och we, to go or run about
Mi ziech tit, their Victuals
Mi zit te, if or when he eateth
Moch ga men, to find
Mok do mus, a Lizard
Mooch we tit, a little Worm
Mosch hac quat, clear Weather
Mu cho mes, Grandfather
Mun sche men, to shave
Na che num, Raccoon
Nach go ma, I answer him
Nach go muk, he answers me
Nach gun din, to agree with one another
Nach gu tem, he answers
Na cho ak, three Persons
Nach pi kin, by Nature
Nad ho li, fetch me over
Nad ho lik, fetch ye over
Na ga la, } to trust,
Na ga tam, } confide
Na han ne, so it is
Na hi wi, down the River
Na ju mau, he is carried
Na ju mi, carry me
Na ju muk, he carrieth me
Na jun dam, to carry a Load
Na ke wi, a little while
Nal la chum, to go up the River in a Canoe
Na me sac, Fishes
Na pe nall, to attack one
Na ta su, fetched
Nat chac que, to fetch Wood
Na te men, I fetch
Na te nil, take me
Na wa lil, follow me
Na wa luk, he followeth me
'N dau wat, scarce, rare
'N dell sit tam,

'N dell fit tam, I heard a Report
'N do na, feek
Ne ca ma, he
Ne cha fil, take Care
Ne cha fik, take ye Care
Ne cha fu, he taketh Care
Nech och we, to walk or travel alone
Ne cho ha, alone
Ne hi ckaat, my Leg
Ne ich quot, it is to be feen
Ne ju wak, four Perfons
Ne ktin quot, one-eyed
'N gad ham, bequeath, to leave by Will
Ne le ma, not yet
Ne ma ne, when I fee
Ne ma tfchi, I go Home
Ne men neep, I have feen
Neem hot tit, if they fee
Ne mil gun, it is given to me
Ne mi luk, he gave me
Nen na men, I know it
Nes ca lenk, a Negro
Ne tam mi, firft
Ne wen tfchi, therefore
Ne we uch, he feeth fomthing

Ni ga nit, the foremoft
Ni hil la, I kill
Ni lu na, we
Ni mach tak, Brethren
Ni me nees, a Fifh-Hawk, Fifher-Bird
Ni pa hum, the Moon
Ni pa wi, in the Night
Ni pa wil, ftand up
Ni pün ke, in the Summer
Ni fche cat, double
Ni fchit quin, to kneel down
Nis ke laan, foul, rainy Weather
Nifk pat ton, to make wet, to throw Water
Nifk pe u, wet, perhaps it got wet
Nifk pe wall, they are wet
Nifk toon heen, to be noify, talkative
Nifk toon heet, a noify, talkative Fellow
Ni ta ton, to be fkilled, to know how to do it
Ni ta us, Sifter in Law
Ni ti fak, Companions
Nok do mus, a Woman's Coufin
        Nol hat ton,

Nol hat ton, to put up, save
Nol fit tam, I believe
No ne tschik, fucking Babes
Nosch hoc quin, to go over the Ice
No so gam, to follow
No woa huk, he knows me
N' fis fuk, Spit
N' ti te, I think
Nun da wi, it is not enough, it wants
Nun gach tschi, I shake for Cold
Nun schet to, a Doe the Female of Deers
Nu te mat, a Watchman, a Keeper
Nu ti ke, to watch
Nutsch que haap, he was innocent
Nutsch que hend, innocent
Nu win gi, I like it, I am willing
Och qua so, a Belt of Wampum
Och que chum, the Female of Beasts
Och que tschitsch, a Girl
Och que u, a Woman
Och que wak, Women
O jos fall, Meat, Beef
Ot cha wall, he came to him
Pab ha cku, a Pheasant
Pach gam mak, black Ash Tree
Pach gan tschi, fully, completely, perfectly
Pach ge chen, where the Road strikes off
Pach gu na, to betray
Pach kscha we, to butcher
Pach kschi can, a Knife
Pach si wi, Half
Pauch so akch, Asp-Tree
Pach suc quin, to rise or stand up
Pai ach co, shoot, fire at it
Pa jan netsch, when you come
Pa ke num, dark
Pa ki ton, to throw away
Pal lach pin, to be innocent
Pa le nach, five
Pall hoa wall, he missed it
Pa li te,

D

Pa li te, when he comes
Pal li ton, to spoil it
Pal li wi, otherwise
Pan ge schi, cut a Piece
Pan ge wi, a Piece
Pank pe chen, a Drop
Pa pa by, to play
Pa pa chees, a Wood-picker
Pa pal su, sickly
Pa pe su, patient, long-suffering
Pa po ham, to knock
Pas si kachk, a Board
Pa ste u, it rises
Pa ta mau, to pray
Pa ta ton, to gain, earn
Pa wall si, to be rich
Pa wall su, he is rich
Pchank ha su, patched, mended
Pe chu wat, near
Ped hac quon, it thunders
Pe ge nan, dress or cloath him
Pe ge nend, dressed, cloathed
Pe ge nünk, in Darkness
Pe gi u, he is dressed
Pe ho we, wait for him
Pe ho weep, he waited for him
Pe je ju, it comes
Pel sit tank, a disobedient one
Pel to wak, they are coming
Pen da quot, it is heard
Pen na men, let me see
Pen na mook, behold, see
Pen xum men, to dry
Pe pach gank, Calamus
Pe pe naus, Looking-glass
Pe schu me, bring him to me
Pe schu woap, he was brought
Pe ta pan, the Day breaks
Pe tauch sin, I lived so long, to this Time
Pe ta wi, bring it to me
Pe ta won, what have you brought
Pe tschi han, to drive hither
Pe tschol tin, they are a-coming on
Pe uch sa, he came
Pi me u,

Pi me u, flanty
Pim hot tin, they are bathing, sweating
Pi miech ton, to make it flanty
Pi min gus, red Squirrel
Pind ha fu, loaded, charged
Pind hi can, a Rammer
Pin tfchi xin, to creep in
Pi pa hump, he came a good while ago
Pis ga je, it holds much
Pis ge ke, at Night
Pis ge u, it is Night, dark
Pit kul lentfch, the Fift
Pi wi tak, Aunt, Kin
Pkin de u, light Afhes
Pku fchi can, an Auger or Gimblet
Poak fa can, Gun
Poch quach pin, to ride
Poch quach to, to put or fet a-top of fomthing
Poc que u, a Clam, a Mufcle
Pom ma chum, to go by Water
Pom mi xin, to creep

Pom mooch xu, it creeps
Po ne men, to leave off, to let go
Po ni to, let it alone
Po po cus, a Partridge
Po po xac, Partridges
Po quie chen, it is broke
Pfac quie chen, it lies clofe
Pfat te woan, Tinder to ftrike Fire with
Pfin da mun, a Sort of Meal made of Indian Corn
Pfind pe u, it is overflowed by the Water
Ptuck a luns, a Bullet
Ptuk han ne, a Bend in the River
Ptuk hi can, a round Ball
Ptuk quin fchu, a round Bowl, a Difh
Ptuk fchum men, to cut it round
Puch tfche fu, hollow
Pum mo ë, a Boil
Pund hi can, a Pair of Steelyards, to weigh
Pu ta wel, blow
Pu tfchis ktey, Poifon-Vine

Qual las fin,

Qual las fiu, to sweat, bath
Qual che u, it smoaks
Quan nas fu, boiled soft, full ripe
Quan go mel, I salute you
Qui quin gus, large Ducks
Qui pu mel, I will eat with you
Quisch ktoon heen, to whisper
Qui ta men, to fear something
Qui te lintsch, the Thumb
Quon na getsch, I do not care
Sak ha ckeen, to stay out so long
Sa ki ma, Chief, King
Sa ku wit, the Mouth of a Creek or River
Sa mum pto, tie it
Sank hi can, a Gun-Lock
Scap pat toon, wet it, make it wet
Scap pe u, wet
Scha chach ki, certain, surely, straight
Scha cha meek, Eel
Scha gas gat, the Grass wet of the Dew
Scha cka mol, feed, nurse it
Schau wes si, to be in a hurry
Schau we wi, weak
Schau wi nachk, weak Arm or Hand
Schau wus fu, he is weak
Scheech ga nim, Grit
Sche hel lan, to hang up
Schel lach to, hang it up
Schib ha fu, spread
Schi cu wak, Widowers
Schin ga lau, he is hated
Schin ga lend, one who is hated
Schin gal gun, to be hated
Schin gas gunk, Bog-Meadow
Schin gat tam, dislike, disapprove
Schin ge u, level
Schin gie chen, it lies
Schin gie chin, to lie down
Sching och we, he is unwilling to go
Sching sit tam,

Sching fit tam, not like to hear it
Schiw ach pin, to be tired of fitting
Scho ha can, Glue
Scho pin queel, fhut your Eyes
Schu cku ney, a Beaft's Tail
Schwi la we, faint-hearted
Se ken teek, the Length
Si ma quon, a Corn-Stock
Si po tit, a fmall Creek
Si fing hoos, an Iron Pot
Si fpi gau, it leaks, drops
So ga heen, to fpill
So ke laan, it rains
Squan da men, to chew
Suck ach gook, black Snake
Suck ach fün, Iron
Su cka meek, black Fifh
Su cke u, black
Sup pin quall, Tears
Tach pach fu, low
Tach pa lau, he is taken care of
Tach pam fin, to be lefs, or younger
Tach pam fu, he is lefs or younger
Tach quat ten, frozen
Tach qua tfchu, he is cold, he freezes
Tach quie chen, joined together
Tach qui wi, together
Tach quoa cu, the Fall of the Year
Tach quoa gik, in the Fall
Tach quoak cheen, the Fall-hunting
Tach tam fe, fometimes
Tac pe u, foaked, wet
Ta cu men? from whence do you come
Ta ha can, a Paddle, Oar
Ta jach quoan, a Bridge
Tak ach fün, Lead
Ta la ckat, cracked, fplit
Tal le ka, a Crane-Bird
Tan ga mend, pierced
Tan ga muk, he ftabbed, or pierced
Tank ha can, a Bafket
Tan git ti, a little
Tat chen do, very little
Tat chit tu, very little
Ta tach can,

Ta tach can, thick, stiff
Tau che chin, to listen, to hearken
Tauch sit tam, to be curious to hear
Tau wach sin, warm yourself
Tau wee ma, Sister
Tau wie chen, open
Tau wun ni, open it
Te ke ne, the Woods
Te mi ki, any Thing
Te pe look, enough of them
Te pi ken, full-grown, ripe
Tes quoa linsch, the little Finger
Teet püs sin, like, in like Manner
Tga uch su, civil, good natured
Tgau wit ti, softly
Tha quet to, short
Thit pan nihm, white Hickory-Nut
Ti la cu, cold Evening
Tim me u, Wolf
Ti pa sac, Fowls, Hens
Ti pa tit, a young Chicken
Tit pi cat, cold Night
To ge nuk, he wakened me
Tonk tsche chen, open
Tonk tscheech ton, to open
To pa lo, to go to War
Tpüs gau wi, just, exact
Tpüt ta we, all together
Tschach gach tünk, on the Stump
Tschep si tschik, Strangers
Tschetsch pie chen, asunder, from one another
Tschiech ham ma, to comb
Tschi gan tschi, wholly, completely
Tschik ham men, to sweep
Tschi ke num, a Turkey
Tschik hi can, a Broom
Tschik hi ke, to sweep
Tschi ma can, a Paddle
Tschi ma lus, the blue Bird
Tschi mam mus, a Rabbit
Tschin gal su, stiff
Tschink te wunk, the South Side of a Hill
Tschi pi leep, it was strange, wonderful
Tschi pi so,

Tſchi pi ſo, the Fit, a Diſorder
Tſchis go ckus, the Robbin-Bird
Tſchiſk ham men, to wipe off
Tſchit ta ni, ſtrong
Tſchit gus ſin, to be ſilent
Tſchit gus ſu, he is ſilent
Tſcho len ſac, Birds
Tſcho qua li, Black Bird
Tſchup pic quall, Roots
Tſpi na quot, it looks otherwiſe
Tſpi na xu, he looks otherwiſe, different
Tup pink tſchees, a Waggon
Uch tech ſit, the Sole of the Foot
Uch tſchin din, to offer, ſacrifice
Uch tſchin que, a wild Cat
U lee pen, Onion
U lee we, I thank you
U me neep, he came from
Un dach qui, this Way
Un dooch ween, to come for ſome Purpoſe
U te ney, a Town, City
U te nünk, in Town
U tſche wak, Flies
Wach gu tey, Petticoat
Wa cho wall, Eggs
Wach ſchie chey, Neſt
Wach tan quall, his Brother-in-Law
Wach tſchu wall, Mountains
Wach tſchu wi, hilly
Wal ha ſu, buried, hid in the Earth
Wal he u, he is digging a Hole
Wa nan no, the Cheek
Wan gun dik, kiſs one another
Wa wan gom, to ſalute
Wa wi can, the Back
Wa woa ton, to know
Wdal le muns, Creature, Beaſt
Wdei e men, he took it
Wdul he u, Breaſt
We chi an, your Huſband
We chi tſchil, her Huſband
We coo lis, Whipperwill
We la quik, Evening
Wel ſi tſchik, the beſt
Wel ſit tank,

Wel fit tank, a Believer
We ma ne, when I come from there
We man que, when we came from thence
Wen da meen, to fish with Hook and Line
We quoam gun, I am convinced
We quoa muk, he convinced me
We uch tam, a little While
We woa tam, to be of good Understanding
We woa tank, a sensible Man
Whit tan gan, the Neck
Whit ta wak, Ears
Wi ckach fchak, Nails on Fingers and Toes
Wie che nin, to boil
Wiech quep ton, tied round
Wi gat hoos, Iron Pot, Kettle
Wi gu luc, the Bill of a Fowl
Wi hi luk, he names me
Wi hi nachk, Birch-Tree
Wi la no, the Tongue
Wik he u, he is building
Wik he tfchik, those that are a-building
Wi ki a, my House
Wi kich tid, their House
Wi kin ge, to marry
Wi ki won, Nose
Wik tfchie chac, the But End of a Tree, Log
Wi la wi, rich
Wi loo xi, warm thyself
Wi loo xik, warm yourself
Wi na min, it is ripe
Win da men, to mention
Win da fu, mentioned
Wi ne u, it snows
Wing ach pin, to love to stay
Win ga nool, they are good, sweet
Win ge look, they are good to eat
Wing och we, to like to go, to travel
Wing fit tam, to like to hear it
Win hat tak, some bad Accident happens to him
Wi ni ke, when it is ripe
Wi nin gus, a Mink
Wink te u,

Wink te u, it is done, boiled enough
Wi nun fchi, Onion
Win xu wak, they are ripe
Wi piech cu, rotten Wood
Wi pun quoak, white Oak
Wi qua jek, the Head of a Creek or Run
Wi que nachk, the End of the Fence
Wi quie chüng, the End, Point
Wi quoam tit, a little Houfe
Wi fach can, bitter
Wi fach gak, blackOak, a bark Canoe
Wi fach gank, Rum
Wi fach gim, Grapes
Wi fa meek, Cat-Fifh
Wi fa week, yellow
Wi fcha lau, he is frightened
Wi fchas fin, to be afraid
Wi fchi xi, active, nimble
Wi fe u, a Scar
Wis ha que, to notch a Tree

Wi fo heen, to fatten
Wi ta heem, help him
Wi te u, he goes along with
Wit goch quall, her Sifter
Wi tfche mil, help me
Wi tfche muk, he helps me
Wi tfche wi, go with me
Wi tfche wot, he that goes along with
Wi tfchin ge, help
Wit tfchu wak, the Calves of the Legs
Witfch wo chak, Pine-Nuts
Wi wa fchin, to carry a Load
Woa cha wes, Sun-Flower
Woa che jeek, Light
Woa ka wi, all round
Woak tfchach ne, a Bend in the River
Woak tfcha quat, it goes crooked
Woak tfche u, crooked
Woak tfchie chen, a crooked Road
Woak tfchiech ton, to lay it crooked
Woak tfchin ni,

E

Woak tſchin ni, to bend
Woap ach poan, white Bread
Woa pan ge, to-morrow
Woa pa ſum, the Sun ſhines white
Woa pi pen, a wild white Potatoe
Woap ſi tſchik, the white ones
Wo che nall, ſhe married him
Woch ga lau, the Forehead
Woch ga nall, Bones
Woch ga nihm, Seed
Woch gi tſchi, a Top
Woch piech quey, bladder
Wo jau we, a Chief, or King
Wo xa chey, Fox-Skin
Wo lun quan, a Wing
Wo na tam, to faint, be out of Senſes
Won nes ſin, to forget
Wo woa ha, to know him
Wſaam gi gun, too big
Wſcha che u, ſlippery
Wſchee chach quall, Chips
Wſi ga te, when the Sun ſets

Wta cke u, ſoft
Wta ji can, Things, Furniture, Moveables
Wtak ham men, divide
Wtang hit ton, he loſes
Wtell gi qui, ſo, in like Manner
Wtenk un tſchi, after that
Wul ach pin, it is good, pleaſant to ſtay
Wu la cu, Evening
Wu la ha, better
Wu la mat, fine pounded or ground
Wu lam ptol, tie it well
Wu lam pton, well tied
Wu lan gom, to be friendly
Wu la pan, fine Morning
Wu las kat, good Food, Graſs
Wu la ton, to put up, keep, ſave it
Wu len ſik, dreſs yourſelf well
Wul hal la, to keep, protect
Wu lie chen, it is good, or well done
Wu liech ſin, to ſpeak, pronounce well
Wu li ken,

Wu li ken, it grows well
Wu lin xin, it melts well
Wu lis ſo, fine, pretty
Wu li ſta, believe it
Wu li ſtam, he believeth
Wu li ſio, believe ye
Wu lit tol, they are good
Wu lit top, it was good
Wu lon quoam, to dream ſomething good
Wu lum quot, a round Hill
Wu nach quim, Acorn
Wu na lan, to fetch him
Wun dach al, come here
Wun de u, it boils
Wund pe u, it leaks
Wu ni pak, Leaf
Wu ni ta, can, to be able
Wu nu tſchi, Beginning
Wuſch gin gunk, on or in the Eye
Wuſch gin quall, Eyes
Wuſk ha xen, new Shoes
Wüt to ney, Beard

Compound Words or Words of four Syllables.

*A*B *tſchi hil lac,* whooping Cough
Ab tſchi na lau, he was plagued, afflicted to Death
A che we u, thick, buſhy
A che wie chen, hard, difficult
Ach ga me u, broad, wide
Ach gend ho ckus, a young Buck
Ach ge ni mo, to accuſe, charge ſomebody
Ach gi cu lan, when it rains and freezes directly
Ach gi gu weu, light-minded Talk
Ach gin che u, quick to hear
Ach gin di ke, when it is read
Ach gi wa lau, he is deceived, cheated
Ach gül kis ſi, to laugh
Ach gum me u, cloudy
Ach kin da men, to count, read
Ach pan ſchi all,

Ach pan fchi all, Beams, Timber
Ach pi quo nall, Flutes, Pipes
Ach po pan nik, they were at Home
Ach que ta hen, to shoot at a Mark
Ach qui wa nis, Blanket
Ach quoa ne man, to fish with a Bush-Net
Ach quoa ni can, Bush-Net
Ach fün em hoan, Pewter Spoon
Ach tfching ha la, to perfuade, force one
Ach wa mall fi, to be very fick
Ach wiech que u, a rich Woman
A hoch we wak, they have bad, hard Travelling
A ho wa lau, he is loved
A ho wa tam, Esteem, Value
A ho wee li, willful
A jap pa we, in the Morning
A ja pe u, a Buck

Al la gifch gu, the Day is spent
Al la hi can, where the Bullet did hit
Al la kfcha chan, the Wind ceafes
Al la mun que, within
Al lan que wak, Stars
A la och we, to go in vain
A lap picch fi, to speak quick
Al lo ga can, Servant
Al lo ga mau, he is hired, sent
Al lo ge mo, he hired, sent
Al lo que pi, Hat, Cap
Al lo wi wi, above, more
Al lum ma hen, to throw
Al lum ham mook, they fet off with the Canoe
Al lum fi tam, let us go
Al lum fo ac, they go away
Al lum toon heen, to speak or fay away
Al iuns hi can, a Bullet-Mould
A ma na tac, a Fishing-Line
A man da men,

A man da men, to feel
A man ge wall, they are large, great
A man giech fin, to speak, cry loud
A mang gi look, they are big, high, long
A ma tfchiech fin, to speak broken
A me men fac, Children
A me men tit, a little Child
A me mi wac, Pigeons
A men tfchiech tin, to rob, plunder
A men tfchin fin, to praife
A mi hil le u, it overfets
A mo chol he, Papple-Tree
A mo e wak, Bees, Wafps
A mu i tup, he is rifen up
A na ca nall, Mats
A na tfchi ton, to take Care
A ne na wi, however, neverthelefs
An ge lun ka, they are dead
A no fchi all, Shoe-Strings
Ap a gi keen, to come from planting
Ap al lau wi, to come from hunting
Ap a li geen, to tread down, fpoil
Ap a lo geen, to come from working
Ap a na cheen, to come from cutting Wood
Ap te len dam, to die for Sorrow, grieve
Ap to na gan, Word
Ap to ne u, he fpeaks
Ap tfchi can fi, to fweat
Ap tup pe u, he drowned
A pu an gel, he died eafy, quick
A pu ich ton, to make it light, eafy
A pu tfchie chen, to turn wrong Side out
As ca le tfchi, unripe
A fchan gus fu, he is caft away
A fchi ca nall, Clouts
A fcho wit chan, a Raft
A fchu ki fo, poor, to have nothing
As gafk ach gook,

As gask ach gook, a green Snake
A spe num men, to lift up
A spe num mook, lift up
As sis cu ju, muddy, dirty
As sis qua hoos, an Earthen Pot
A tschi mol sin, consult, to hold Counsel
A tenk pat to, quench the Fire
A uch so wak, they are wild, hard to deal with
Au wi je wi, however
A we che moos, Creature, Cattle
A we jey is, a wild Beast, Creature
A we sis sac, Beasts
A wos sa ke, behind the House
A wull sit tam, to obey
A wull so wac, they are fine, good
Ble u ho tik, black Snake-Root
Boch we je sik, the Joint of the Foot
Chal la nun schi, Sumac

Cha uch schi sis, an old Woman
Chau wa lan ne, an Eagle with a forked Tail
Chey i nu tey, Saddle-Bag
Chi qua so wall, they are patched (the Shoes)
Choc qui ne u, he has the Cough
Chwe lo ge nac, many Nights
Chwe lo pan nik, they were many
Chwock pan ne u, a large, old Turkey-Cock
Co we wa nik, a red Squirrel
Cu we u chac, Pine-Wood
Da chi qua men, to patch, mend
Da chi quoa can, a Patch
Dac quoak cha won, Ear-Grease
Da mask hi can, Sithe
Da pa ta men, to take Care, nurse
Da wam hi can, the Jaw-Bone
Del le man gan,

Del le man gan, the thickeft Part of the Arm
Dell he wach ton, to pour out, throw
De li na men, perceive, obferve
Dell fo woa can, Behaviour, Courfe of Life
De mas xa lo, a File
Des pe hel laan, to have the Small-Pox
E ca me jeek, Broadnefs
E cam ha fik, broad
Eem hoa ni fac, Spoons
E hach pich tid, their Place
E hach qui jenk, our Cloaths
E ha pach pink, Saddle
E he la meek, Ribbon
E hen dach puink, a Table
E he fchan deek, a Window
E ji liech fi, Language
Ek ho ke wit, Nations
E la lo get, what he does, worketh
E la mall fit, as he feels himfelf
E lan go mat, Friend, Relation
E la uch fit, as he liveth
E la wach tik, as dear
E le mus fit, as he went away
E le wun fit, as he was called, named
E li gifch quik, To-day
E lik hi qui, at this Time
E li le nin, as ufual, cuftomary
E li na xit, as he is, his Look, Appearance
E lin que chünk, before the Eyes
E li te hat, as he thinks
El hoc que chünk, at his Head
End chap pi jenk, as many as we fit here
E nend ha ckeen, to fpeak by a Parable
E fchooch we u, it goes through
Gach ga mu nall, roafted Corn
Gad ham ma wau, bequeathed to him
Ga ke gi muk, he teacheth me
Ga gi wa luk,

Ga gi wa luk, he cheated me
Gan ſcha la mu, he crieth out
Gan ſche len dam, to wonder, amaze
Gan ſche we u, it roareth, makes a Noiſe
Ganſch hit ta quot, it makes a terrible Noiſe
Ganſch hit ta xu, a Noiſe, Rumbling, Claſhing
Gat to na luk, he proſecutes or ſeeketh your Life
Gat to pu i, to hunger, be hungry
Gat tos ſo mo, to thirſt
Gech gau wi ja, a Bed
Ge ge pin quot, blind
Ge gep cho ac, they are deaf
Ge ka ſi a, the Waiſt
Ge lie cham men, to ſew, ſtitch
Gel le num men, to take along
Ge mi le len, I give you
Ge mil gu neen, it is given to us
Ge mis ſcham ſa, did you get or kill ſomething
Ge mi zi neen, we eat
Ge nach gi hat, a Keeper who takes Care of ſomething
Ge nach gi ton, to take Care of ſomething
Gen dach gus ſin, to climb up
Gen do wen ke, on Sunday
Gend ſi ta ja, the Ball of the Foot
Gen ga mat tok, bad Action, Behaviour
Gen ſcho we na, ſuddenly
Ge ſcund ha ckall, Pumkins
Get te mi nak, lucky, happy
Ge tüs ga men, to drive out
Ge wi jen gup, where we ſlept
Gi ge num men, to touch
Gin tſchi mu i, to ſound, crow
Giſch ach poan he, the Bread is done, baked
Gi ſchach ſum men,

Gi schach sum men, enlighten
Gi schach te u, enlightened
Gi scha lo ge, the Work is finished
Gi scham be so, tied
Gisch ha gi been, to finish with planting
Gisch hat te u, it is ready
Gisch kscha go can, Saw
Gisch kschas go can, a Sickle
Gi schu te u, lukewarm
Gi schuch wi pall, Sunbeams
Gi schu wal le, loaded, ready loaded
Gi schu we u, warm
Gis si lin sche, wash your Hands
Gi ta pach ki, thousand
Gla cke len dam, to be merry
Gli cke na su, mixed
Gli cke ni can, any thing to mix with, Mixture
Glit to ne pi, Bridle
Glü cka te pi, a Hobble
Glup hoc que uch, he turned his Head about
Goch pe la xen, Buckles
Goch pe num men, to take it out
Goch qui te chin, it beats
Goch schan ni ke, Teeth-Holes
Gos qui bil la, it went close by
Gu la mo e, you are in the right
Gu luk och sün, a Turkey-Cock
Gu na ge u, he stays out long
Gu na lach gat, deep
Gund as sis ku, Mire, Mud
Gut ta ga me, one Day
Gut ta he u, he is shooting at a Mark
Gut tan da men, to taste
Gut ta pach ki, hundred
Gut ta wi can, one Fathom
Gut te num men, to take or pull it off
Gut gen ne men, to turn it back
Gut gin que chin, to look back
Gut güs ga wa, he drove him back
Gut hat tach gat,

Gut hat tach gat, single
Ha gi ha can, Plantation, Field
Ha gi he u, he is planting
Hal le mi wi, eternal
Ha pach bo nall, Chairs, Benches
Ha scha we je, square
Hel le niech su, he speaks the Language
Hob be ni sac, Turnips
Hob bo e u, he smokes
Ho pe xu ac, Kidneys
I hi ab tschi, still, to this Time
I ka li si, yonder, further
I ka lit ti, a little further
I li pem mi, until now
Kea cho la we? how many Deers has he killed
Ki ga pe u, a single Man
Ki ga pe wak, single Men
Ki gi na men, to know a Person or Place
Ki gisch go tum, green Grashoppers

Ki kei jum heet, a chief Man
Ki kem hal quenk, our Saviour
Ki ke na nall, our Houses
Ki ke na nŭnk, in our House
Ki ke woa gan, Cure, the Healing
Kik och que u, a single Woman
Kik och que wak, single Women
Kin han schi can, Grindstone
Ki tach pan schi, Spar, a small Timber
Ki ta hi can, the Sea, Ocean
Ki te len dam, to be in earnest
Ki toal te wall, Ships
Kit u te ney, the main or chief Town
Ki wi ka mell, I visit you
Ki wi ka mi, visit me
Ki wi ke u, he visits
Klol to woa gan, Quarrel, Dispute
Knat te mi hi, lend me
Kpik tsche hi can,

Kpik tſche hi can, the Breech of a Gun, Stopper
Kpin que na wak, they are blinded
Kpit tſche woa can, Foolishneſs
Kſcha me hel lan, to run faſt
Kſchi hil le u, it goes ſwift, faſt
Kſchi lan de u, very hot Weather
Kſchi wi ne u, it ſnows very thick
Kſi te na nall, our Feet
Kſuc qui na quot, heavy like
Kta cha muk geen, he gives you to eat
Kta ho wa la, you love him
Kta ho wa luk, he loves you
Kte hen na nak, our Hearts
Kte hu wa wak, your Hearts
Kte li te ha, do you think
Ktel lo hum mo, I tell ye

Kup paſk ham men, to ſtop
La chau ol gun, I am hindered
La chau o luk, he hinders him
La chau wiech gun, it hinders me
La chau wi huk, he hinders me
La che num men, to untie, looſen
Lach pe na xik make ye haſte
La ge ju wak, Nations
La le ni can, Scower-Graſs
Lal ha quoa can, Drawing-Knife
Lan da we u, it runs up, climbs up
Lan gi me no, a briſk young Man
Long och que u, a briſk young Woman
Lan gun do wak, they are Friends
La pe chi can, a Plough
Lap to nach gat, the Meaning of the Word
La uch poa me, the Middle of the Thigh
La wach to heen,

La wach to heen, to fix a Price
La we len dam, to be difcouraged
La wi lo wan, the Middle of the Winter
La wit pi cat, Midnight
La woa pan ne, right up to the Sky
La wu linfch gan, the Middle-Finger
L' chau han ne, Fork of a River
L' chau wa quot, a Tree or Sappling with a Fork
L' chau wie chen, Fork of a Road
Lek hi ke u, he is a writing
Le le mi neen, let us
Le mach ta teek, there it is, ftands
Le mat ach pil, fit down
Le mat ach po, he fitts
Len na pe wak, Indians
Lenn hat tach quall, common, grey Yarn or Thread
Len no was quall, Fern
Len no we chum, the Male of Beafts
Lill po e u, he is cuning
Lin que chi nook, behold, look here
Lo ga hel la, to let it drop, be difcouraged
Lo ga ne chin, to pull or throw down
Lo ho mau wi, fhow me
Lo ke num men, to deftroy
Lon quam woa can, a Dream
Lo wa na chen, North Wind
Lo wa ne u, North
Lo wa ne wünk, Northward
Lo wu le uch, it flames
Ma che len dam, to efteem, value
Ma che len fu, proud
Mach ga lin gus, Sun-Fifh
Mach ge lee chen, red
Ma chi na quot, it feems large, great
Machk hat tach quall, red Yarn, Thread
Mach qui ge u, Plenty of Bears
Mach ta ge wak, they are at War, a fighting
Mach tis fi fu,

Mach tis fi fu, bad, wicked, ugly
Mach ti wit ti, very little
Mach tfchi ca mik, a Grave
Mach tfchik bi ac, Papas, a Fruit
Mach tfchi len no, a bad Man
Mach tfchi le u, bad, troublesome Time
Mach tfchi lo kees, Leather String
Mach tfchi ma quot, it stinks, smells ugly
Mach tfchi pach quall, Shoes
Mach tfchi po quot, it tastes ugly
Mach tum pu ik, Dung
Mach xit ach poan, Bread mixed with Beans
Ma ja uch fu, one Person
Ma ja wach tonk, together at once, alike
Ma ja wie chen, it is right, even
Ma ja wiech ton, to make it alike

Mak ha quoa can, a grubbing Hoe
Ma lach xi tall, Beans
Ma mach tfchi ma, to mock one
Ma mal ach gook, a striped Snake
Ma man di can, a Die to play with
Ma ma wa nak, Eye-brows
Mam gü cke u, a Plain, where no Timber is
Man na che wak, they are cutting Wood
Ma ne je u, it profits but little
Man fchas que wak, they mow
Man fchas quoa can, a Sithe
Man to woa gan, spiritual Strength, Power
Me fchi la meek, a Trout, a Fish
Mas gich te u, May-Apple.
Ma tfcha la wall, to bring him Home
Mat ta la wall, to come up with him
Mat ta luk gun,

Mat ta luk gun, he came up with me
Mat ta mall fin, to feel unwell
Mat ta mee chen, where two Roads meet together
Matt ap to nen, to speak uncivil, rough
Mat te len dam, to be uneasy, disturbed in Mind
Mat te le muk, he despises me
Mat te mi geen, to enter in
Mau wal lau wi, to go a hunting
Ma we ne men, to gather, bring together
Ma wim quen gup, he has reconciled us
Ma win ha ckeen, to go to War
Ma win' so wak, they pick up, gather
Ma wot ta can, Famine, Hunger
M bi ach gook, a Water-Snake
M boa wik cham, Hickups
Me cha quie chen, high Flood, Fresh
Me cha te u, deep Snow
Me cha wach to, dear
Me cho was quall, old, dry Grass
Med ha pa bi, to surprise
Meech ga lan ne, a Hawk
Meech gal huc quot, red Hair
Meech ga lo wat, a Fish like a Sucker
Meech ga pu ek, Ipecacuanha, a Root
Me ha ckach tey, a Coal
Me ha men tschit, a Robber
Me hoc qua mi, Ice
Me hoc qui man, the red Bird
Me hok ho ckus, red Cedar
Me ho wi mi, Rasberry
Mel le nat tan, Butter-Milk
Me lich ga won, a Pillow, Cushion
Me li ha su, Mattery, full of Corruption
Me ma koch cus,

Me ma koch cus, a Woodpicker with a red Head
Me meek fcha chey, Sheep-Skin
Mem hal la mand, a Trader, Merchant
Mem foch he tfchik, Travellers
Me nach ga quall, Fence-Rails
Me nan tach gunk, in the Swamp
Me nan tfchi wan, the Left Hand
Me na te u, Ifland
Me ne woa can, drinking
Meen pek ha fik, Skim-Milk
Men quech que u, a Mingoe Woman
Me fchan da men, to tafte
Me fchat ta men, to remember
Me fchup pa li, fprinkle me with Water
Me fchup pa luk, he fprinkles me
Me fit te wall, boiled Corn whole
Me fit tfche wi, quite, whole
Me fuk hoa can, Glue
Me tee ke nis, a Leather String
Me te len fit, an humble, low Man
Me te na xin, to be ready
Me tüm me u, a Wolf
M' talle mage, fell it
Mie cha ca nak, Afh-Tree
Mie cha nes fin to be afhamed
Mi hi lu fis, an old Man
Mi hi lu fac, old Men
Mi ke mos fin, to work
Mi kin da men, to do, make, or work fomething
Mi la ne wo, they give
Mi fche num men, to receive, get
Mis fe ach pin, to live fcattered
Mi we len dam, to quit a Place for Sorrow, Grief
Mi ze woa gan, Victuals, Food, Provifion
Mo nach ge u,

Mo nach ge u, a Ground-Hog
Mo schach ge u, bare, bald, without Hair, or a Piece of Ground without Trees
Mo schant pe u, bald-headed, without Hair
Mosk to na me, to kiss
Much woa pin gus, an Opossum, a Beast
Mu i min schi, wild Cherry-Tree
Na cha wi can, three Fathom
Na che nach ke, thirty
Na che num mook, Raccoons
Nach go ho man, to sing
Na cho gu nak, three Nights
Na cho ha ne, I am alone
Nach pa uch sin, to converse
Nach pi ki jenk, ⎫
Nach pi ki neen, ⎬ we by Nature
Nach xum me neen, we kindle, set a-fire
Nad ho la wall, he is fetched over the River
Na ga je ke, by and by, in a little while
Na ge uch sin, to hope
Na kis gau wan, to meet him
Nal la che men, to go up the River
Nal la chi wi, up the River
Nal la pi so, to gird
Na la uch su, he is fetched
Na mee si pook, it tastes fishy
Nan ne wen tschi, therefore
Nat ta woa pin, to look for something
Na te na wall, take him, receive him
Na te nuk su, he is received
Na te num men, to take
Na tschu wal le, to fetch a Load
Nat to na mak, Son-in-Law
Nat to na men, to seek, look for something
Nau wa que pin,

Nau wa que pin, to hang the Head down
Nau wee chün ke, Afternoon
Na wa la wall, follow him
'*N dap pal gun*, I am taken Care of
'*N doch wil fi*, to hunt
Ne ca ma wa, they
Nech na jun gees, a Horse
Nech nu tschin geet, one nursing the Sick
Ne jo gu nak, four Nights
Ne le ma ta, not yet
Ne mil gu neen, it is given us
Ne moch ga men, I find
Ne moch wi tscheet, the main Sinew of the Leg
Nen nach gal lit, one who stutters, stammers
Nen nach gal lo, he stutters or stammers
Nen hap pach pink, Saddle
Nent fi ta gun, he or it appeared to me
Nent fi ta wi, appear to me
Ne wi nach ke, forty
Ne wot tæ ni, I have the Belly-Ache
Ne wo wi can, four Fathoms
'*N ge mee wi*, always
'*N gut te li*, one, single
Nie che na fu, taken down
Nie che na wall, to take him down
Ni hil lal gun, my Lord, he owns me
Ni hil lal quenk, our Lord
Ni hil la tschi, of itself
Ni hil lo wet, a Murderer
Ni pa wi wi, in the Night
Ni pe na cheen, Summer-Hunt
Ni fche le ney, two Sorts
Ni fchi nach ke, twenty
Ni fcho la we, he killed two
Nis gan ta men, to eat something nasty
Nifk a la mo,

G

Nisk a la mo, to make an ugly Noise
Nisk a lo ge, nasty, dirty Work
Nisk as sis ku, miserable dirty, muddy
Nis ke nol hand, miserably lazy
Ni to na jall, my Beard
Noch goa ta men, to lick with the Tongue
Nod hit ta men, I come in Danger
No hu len tschik, Sucklings, Babes
No la mal si, I am well
No la te na mi, I am happy
No le len dam, I rejoice, am glad
Ne le mu tees, Silk-Worm
No li na men, I like it
No li pen dam, I hear, understand well
No tschin ge u, he nurseth
Ne we pan nik, they saw it
No we wi ha, I know him
No we wi ton, I know it

No woak tschooch we, I go a crooked Road
'N sich ta nin, the Running of the Nose
'N ti tech ta, ⎫ because,
'N ti tech quo, ⎭ for
Nu kach tum men, to forsake, leave
Nuk to gu nak, one Night
Nuk to la we, he killed one (Deer)
Nun de hel laan, to want, to need
Nu tschi cho we, a Night-Walker
Oa pe luc quon, white Frost
Och que can gan, the Neck
Och que tschi tschac, Girls
Och que was quall, Swamp-Fern
O le le u, Bullfrog
Ol so woa gan, Goodness
O schum mo wall, Horns
Pach cu le u, it blossoms
Pa che lam men, to split
Pa che ni can, a Frow, Splitting-Iron
Pach gam ma can,

Pach gam ma can, a Cutlaſs
Pach gan di can, a Maul
Pach ga nun tſchi, white Walnut-Tree
Pach ge len dam, to be angry
Pach gi hil leu, it is broke
Pach hac que ke, about Noon
Pach hac que u, Noon
Pach ha quoa can, an Iron Wedge
Pach quach te je, a Plane
Pach ſchach quoa can, a Board-Saw
Pach ſi la we, Half a Fathom
Pach tſchuc quil kees, Graſshopper
Pac kach te chin, to fall to the Ground
Pa gach tſchie chen, it is full
Pa gach tſchuch peen, to fill
Pai ach cam men, to ſhoot, fire off a Gun
Pai achk hi can, a Gun
Pa kan da men, to beat

Pa kan da mook, beat on, beat away
Pal le len ſin, to be innocent
Pal li lüs gau, to drive it away
Pal li ſtam men, to be unbelieving
Pal pe te a, it boils over
Pall ſit ta men, diſbelieve
Pal ſo woa gan, Sickneſs
Pa liip pa we, a Buck
Pan ge poan tit, a Bit of Bread
Pa pach gil lintſch, the flat Hand
Pa pen da men, to hear by Chance
Pa pom mis ſin, to go about idle
Pa ſach ta je, Wind in the Belly
Pas ſi cachk hen, to make Boards
Pas ſi cach quall, Boards
Pas ſi te chin, to ſtumble
Pa tach wil ſin, to gain, win
Pa ta mau wan,

Pa ta mau wan, to pray to him
Pa ta mau wos, God
Pa wal les fin, to be rich
Pa wa li u, the Corn-Blossom falls off
Pa wun ni can, a Sieve
Pe je wi ke, when it comes
Pe lach pi tschik, those who are innocent
Peem ach pi jenk, we who are present
Peem ach pi tschik, those who are present
Peem hal lach peen, to hunt in Company
Pen dam me neen, we hear
Pen nas fie chen, slanting
Pen ge la cu, Dusk
Pen ni hi la, to fall off or down
Pen qui la wo, I am dry, thirsty
Pen nun de lell, I show you
Pen nun de luk, he showed me
Pe pa lis tank, an Unbeliever
Pe pe te lan, Shower of Rain
Pe tach gu sin, to climb hither
Pe ta lo geen, worked so far
Pe ta lo luk, he sent for me to come here
Pe ta quie chen, the Water is a rising
Pe ta scho will, to swim hither
Pe ta uch sin, lived so long
Pe ta wi me, bring me some
Pe te uch tum, he came weeping
Pet hin que chin, to look this Way
Pe tschi ha wak drive, them hither
Pe tschi mu in, to escape hither
Pe tschol to wak, they are coming hither
Pich ta we u, double
Pi la pe u, a big Boy
Pi la we tit, a little Boy
Pi la we tschitsch, a Boy
Pi me na tan, Thread
Pi me ne wo,

Pi me ne wo, they creep in
Pi mo a can, a Sweat-House
Pi mochk ha fu, ftirred
Pi moch que u, twifted, turned
Pi moch qui can, a Stirring-Ladle
Pin da la nac, white Pine
Pin da wa ne, when I put it in
Pind he wach ton, to put it in a Bag
Pi pi na men, to chufe
Pi fe lüs fo, fhrinkled, wrinkled
Pis hi cka wau, to go to meet him
Pi fi co lis, a Snipe
Pli pi te hin, to knock one on the Head
Poa gam ma wak, wild Plumbs
Poak tfche hel le, to jump over
Po che ni can, a Drum
Po cka wach ne, a Creek between two Hills
Pom ma uch fin, to live
Pom ma uch foop, he lived
Pom mau we wi, to remain
Pom me na wall, they beat him, overcame, conquered him
Pom me nuk gun, he beat me
Pom mis fo wak, they walk
Pom mi pe fo, a Lath
Po pank pe chen, it drops
Po que we chen, a nigher Road
Pfin da moa can, parch Meal
Ptuc qui min fchi, black Walnut-Tree
Pu ta woa gan, a Pair of Bellows
Pu tfchis kte u, Poifon-Vine
Qua wan go mel, I falute you
Qua wan go muk, he falutes you
Que he moa li? do you laugh at me
Que nifch gu ney, a Panther
Quen fchu cku ney,

Quen schu cku ney, a Panther
Que scha ni gat, Tooth-Holes
Que ta ja cu, an old out-grown Tree
Qui scho che mo, the Middle of the Head
Qui te la wall, forbid him
Qui te luk gun, he has forbid me
Qui tsche wu len, I will go with you
Quoa pa na cheen, good Morning to you
Sab be lee chen, it looks bright
Sab be le u, it is bright
Sa cha pi wak, Lightning afar off
Sach ga gun dik, lead one another by the Hand
Sach gi nach gen, shake ye Hands
Sa cka gu nel, lead me
Sa cka gu nuk, he leads me
Sac qua mal si, to feel troubled
Sac qui pe u, he comes in a troublesome Time
Sa ga lach gat, so deep
Sak ha cke neen, we stay out so long
Sa mut to ne, shut your Mouth
Sa piech ti te, when it lightens
Sa sap pe u, spotted
Sa sap pi sac, Lightning Bugs, Flies
Sa sap pi wac, Lightnings
Sasch chup pa we, to gape, yawn
Sa se he men, to scatter
Scha chach ge u, straight
Scha chach gie chen, straight Road
Scha ja hi can, Sea-Shore
Scha ja won ge, the Side of the Hill
Scha je lin quall, Eyebrows, the Edge of the Eye-Lids
Schak hoc qui wan, a Coat
Scham me num men, to anoint, grease
Schau wa la me,

Schau wa la me, to faint with Hunger
Schau we min schi, red Beech-Tree
Schau wut te u, to wither, fade
Scha wa nam meek, Shad, a Fish
Scha wa ne u, South
Scha wa ne wunk, Southward
Scha xo woa gan, Covetousness
Sche hel le u, it hangs
Sche won di can, a Pouch
Schik och que wak, Widows
Schik scha si ki, Joiners Shavings
Schin di ke u, where Spruce is plenty
Schin gal quen gik, our Enemies
Schin ga lu wet, an Enemy
Schin gip ti can, a Leather String, Rope
Sching sit ta men, to hate hearing it
Schi pe na su, stretched out, enlarged
Schi pi nach ke, stretch out the Arm
Schi qui ne u, he is Father and Motherless
Schi wa mall sin, to feel Pain
Schi we len dam, to moan, be sorry
Schi wonk ham men, to salt, to season with Salt
Schi wonk ha su, salted
Schi wos san ne, to be weary, tired
Schwon nach qua xen, European Shoes
Schwon nach qui nenk, among white People
Schwon ni hil la, a Snipe, a Bird
Se gant pe chünk, above the Head
Seek si te chünk, before his Feet
Si cu ni can, Scower-Grass
Si hil le u, the Water falls, abates
Si ma quo nall, Corn-Stalks
Si quo na cheen, Spring-Hunt
Si sa we hak,

Si fa we hak, Oyfters
So ga nech wi, pour it out
So ke lan ge, if it rains
So ke la noop, it rained
So ke lan getfch, if or when it fhall rain
Sook pe hel laak, a Fall in the River, Cataract
So pe na xin, to ftrip, make naked
So pe na xik, ftrip yourfelf
Span que woa can, a Wink of the Eye
Spiech ge je u, a Member, Joint
Suck ach fün heet, Smith
Su ka ne pil, black Fifh
Su ke lee chen, it looks black
Suk hat ta quall, black Yarn, Thread
Süs fum mo ëk, a Bell
Tach pa cha xu, lefs
Tach pa chi wi, low
Tach quam be fo, tied together
Tach qua tfchu wak, they freeze
Tach quat te nool, they are frozen
Tach quoa gi ke, in the Fall
Tach quoa hoa can, a Mortar or Mill
Tach quoa hoa ke, to pound or grind
Tach quon di can, a Pair of Pincers
Tach fi gi u, it hails
Ta cke nau we, to divide
Ta kin da men, to read, count
Tal lach pa je, cold Morning
Ta le ga wak, Cranes
Ta lik hi qui, what Time
Tan ga mi can, } a Spear
Tan gan di can, }
Tan ga wach to, cheap
Tang eem koan tit, a little Spoon
Tang han ne u, a little Creek or Run
Tat chup pe cat, fhallow
Ta tfchink ha la, to perfuade
Tau wa ta wik, an uninhabited Tract
Tau wi quoa can, a Key
Tech thun nen tfchik, Prifoners
Te ma hi can, a Hatchet
Te pa lach gat,

Te pa lach gat, deep enough
Te pa wach to, reasonable, not too dear
Te pe len dam, to be satisfied, to have enough
Te pi ke nool, they are full-grown, ripe, done
Te tau wi wi, between
This fi te pok, frozen Feet
Ti ga mi cat, a cool House
Ti hil le u, it is cool
Tin de u cheel, make a Fire
Tin de u cheen, to make a Fire
Tis ke man nis, a little Fisher-Bird
Tit pan nun schi, white Hickory
To gi bil laak, awake
Tom bi ca nall, Crabs, wild Apples
Tonk do ne chi, open your Mouth
Tonk do ne chin, to open the Mouth
Tonk sche ne men, open it
Tonk sche quoa can, a Key
Tpüs gau wiech ton, to make it even, to do Justice, Right
Tpüt ta wi wak, they all together
Tschan na uch sin, to fail, miss
Tschan ne len dam, to doubt, scruple
Tschan ni stam men, to misunderstand
Tschan sit tam men, to hear wrong, amiss
Tschetsch pen na men, to separate
Tschie chach poa can, a Roasting-Spit
Tschik ham ma wak, they scratch
Tschi pe len dam, it is strange to me, disagreeable to me
Tschi pi le u, strange News
Tschi pi na quot, it seems strange, odd, disagreeable to Sight
Tschi pi na xu, he looks strange, unpleasing
Tschip so woa gan, Disagreeableness
Tschi quol la le, a Muscle
Tschi ta nat ten,

H

Tſchi ta nat ten, hard frozen
Tſchi ta ne nil, hold me faſt
Tſchi ta nes ſu, ſtrong
Tſchi ta ne u, ſtrong
Tup pink tſche ſünk, in a Waggon
Uch te he linſch, the Palm of the Hand
U la ca nis, a Diſh
U le pe nak, Onions
U me ne wo, they come from
Un dach len ni, hand it here
Un dach quie chen, on this Side
Un de nem men, to take it from
Un dooch we nall, he came for their Sake
Uſch wi na quot, painful, dolorous
Uſch wi na xu, he looks painful
U te na jall, Towns, Cities
Wach te ne u, he has the Belly-Ache
Wach tuch we pi, the Body
Wa hel le mat, far
Wa liech tſches ſu, hollow (Tree)
Wa nan no wall, Cheeks
Wa pa ha munk, behind, back
Wa pin tſchach ke, a Gar-Fiſh with a Bill like a Duck
Was ſan de u, clear Day
Wa ſe lee chen, bright
Wa ſe le u, clear, bright
Wat tenk gi nem, Cholic
Wat ſchan gus ſu, a Slave
Wa wan gom gun, he ſalutes me
Wa wi can nin, Back-Ache
Wde lan go ma, his Friend, Relation
Wdel lach ge nim, to ſpeak of a Perſon to Somebody
Wdel lo hi can, the Fore-Finger
Wdell ſo woa gan, Behaviour, Conduct
Wed hit ta münk, in Danger
We he moa luk, he mocks me, makes Sport of me
We le muc queek,

We le muc queek, round Hills
We la qui ke, Yesterday Evening
We mal quen gup, he hath loved us
Wen tschi jey ik, from whence they are or belong to
We schi le muk, my Relation in Marriage
We to che mend, Father
We wiech gu kil, his Acquaintance
We wi ha wall, he knows him
We woat ha ke, skilful
We woa tan gik, wise Men
We wun dach qui, on both Sides
Wi a moch ki, mixed
Wiech gau we tschi, unawares, suddenly
Wiech que pi so, tied round or about
Wi gu na cka, the Point of the Island
Wi hun ge u, he offers Sacrifice
Wi ja gas xu, unruly, light-minded

Wi kich ti tschi, their Houses
Wi kin di tschik, married People
Wik wa he münk, in the House
Wi la no wall, Tongues, Pumkin-Seed
Wi la wa ne, a Horn
Wi la wus sall, his Corn
Wi na mall sin, to be sick
Wi na mall soop, he was sick
Wi na min ge, when the Corn is fit to roast
Wi nan ge u, Turkey-Buzzard
Win gan da men, it tastes sweet
Win ga pu e, good, sweet Broth
Win ge len dam, to like it, be pleased with it
Win ge le u, it burns, flames
Win gi ma quot, it has a good, sweet Smell
Win gi na men, to like it, long for it
Wing ooch we wak, they like to travel
Wi pa luk gun,

Wi pa luk gun, I am frightened, terrified
Wi pi ti nen, to have the Tooth-Ache
Wi qua je u, the Head of a Branch, Creek
Wi qua jun quik, to the End
Wi que nach ga, the End of the Fence
Wi qui hil la, to be tired
Wi quo num men, to make dull
Wi sach gis sin, it burns me
Wi sa min schi, yellow Wood-Tree
Wi sa wa nik, a red Squirrel
Wi sa we u, yellow
Wi scha lo we, a Rattle-Snake
Wi su woa gan, Fatness
Wi tach pun din, to marry
Wi ta uch sall, her Brother's Wife
Wi ta we ma, he stays with him
Wi ta weem quenk, remain with us
Wi ta we muk, he is with me
Wit ho me len, he goes with you in the Canoe
Wi tsche ma wall, help him
Wi tsche muk gun, he helps me
Wi wu ni wi, all round, round about
Wi wun ooch we, to go round about
Woa cha we nall, Flowers, Blossoms
Woa cha we sak, Roses
Woa che je u, Day-Light
Woak hat ti mi, Mulberry
Woa pach sa nai, a Blanket
Woa pa lan ne, bald Eagle
Woa pa na cheen, good Morning
Woa pa ne u, Morning
Woa pe lee chen, very white
Woap hat ta quall, white Yarn, Thread
Woap hoc qua won, grey Hair
Woa pi min schi,

Woa pi min fchi, Chestnut-Tree
Woa pi pe nac, white wild Potatoes
Woa tau we ju, it blossoms
Woch ga ni ponk, hard burnt Ashes
Woch pa hel la, awake, get your Senses
Wo jau we wit, he is a Chief
Wo lan ni all, the Feathers of a Bird's Tail
Wo nach qui wi, Top of a House or Tree
Won nach xi tall, the Top of the Toes
Wo u choc quin, to cough
Wfcha chi hil la, to slip
Wfi hu we neep, he won it, gained it
Wta cka na chen, moderate, warm Wind
Wta cka ne u, moderate Weather
Wta cke lin fche, Raccoon
Wtak ho hen fin, to cover
Wta ki ga chen, it lies soft
Wta spi woa gan, Ascension
Wtel lo we neep, he has said
Wtell tfche ne men, to roll
Wtfchi tfchan qui wi, spiritual
Wud hit ta men, he comes in Danger
Wu la che la, to put it safe
Wu lach ge nim, to praise
Wu lach ne u, a fine Creek or River without Falls
Wu la lo we, a black Fox
Wu la mall fin, to be well
Wu la mo can, a Callabash or Bottle
Wu la mo e, formerly
Wu laam fit tam, he believes what he hears
Wu lan de u, warm Day, Weather
Wu lan gun dik, be ye peaceable
Wu la pe ju, just, upright
Wu la qui ke, in the Evening
Wu la tach gat,

Wu la tach gat, fine Linen
Wu la tſcha ha, he is well treated
Wu la wu linſch, the Middle-Finger
Wa le len dam, to be glad, rejoice
Wu le len ſu, Pride, Self-Esteem
Wu le nen ſik, dreſs yourſelf
Wu lenſch gan ſüt, the Toe
Wu le woa tam, to be of good Underſtanding
Wu li giſch gu, fine Day
Wu li le u, it is a good Time, all is well
Wu li lüs ſo, he behaves well
Wu li lüs ſik, behave ye well
Wu li na men, to like it
Wu li na quot, it looks well, has a good Look
Wu li na xu, he looks well
Wu li ne men, it is well to be ſeen
Wu li po quot, it has a good Taſte
Wu li ſtam men, to believe
Wu lum que u, a round Hill
Wu nat toch ton, to aſk for, to demand
Wund chen ne u, Weſt
Wund chen ne wünk, Weſtward
Wund ſo woa gan, Misfortune
Wu ne me neep, he ſaw it
Wu ne wa wall, he ſees him
Wu ni pach quall, Leaves
Wu ni ta ton, he can do it
Wu ni tſcha nall, his Child
Wun tſchi jei ju, where he belongs to, from whence he is
Wus ki jei ju, it is new
Wus ki len no, a young Man
Wuſk och que u, a young Woman
Ze lo ze los, Cricket

Compound

Compound Words of five Syllables.

Ab tſchi hil le u, he died of a Diſeaſe, Diſtemper
Ab tſchi na lit tin, to die in a Fight or Battle
A che wi le no, a rich Man
Ach ga ha ma won, parted, ſhared to him
Ach ge pin que u, he is blind
Ach gi gi ha wall, to mock one
Ach gi gu we u, fooliſh, nonſenſical
Ach gi wa lit tin, to cheat, deceive one another
Ach kin da men que, when we count it
Ach ki we len dam, to be melancholy
A cho wa lo geen, to work hard, with Difficulty
A cho wa mall ſi, very ſick
Ach pi ta wi neen, be with us
Ach poa li ma wall, to mock one
Ach püs ca mo can, a Sock, Sort of Shoe
Ach quin do woa gan, Accuſation
Ach qui pe la won, a Hoe
Ach quoa ni len nees, Blackberries
Ach ſchi ki min ſchi, Fern
Ach ſe hel le wak, they are ſcattered
Ach ſün na min ſchi, Sugar-Tree
Ach ſün ni ge u, ſtony
Ach tſchin gi ooch we, he ventured to go, he was obliged to go
Ach tſchip ap to nen, to talk ſtrange, wonderful
Ach tſchi pi jei ju, he behaves wonderful
Ach tuch wie che ken, Deers Hair
Ach tuch wi min ſchi, red Root
Ach wan gun do wi, very friendly, kind
Ach wi pis ge u, very dark
Ach wo wan ge u, a ſteep, high Bank
A hoal to woa gan,

A hoal to woa gan, Love
A ho woa pe wi, ſtrong, robuſt
A jach we li u, to wiſh
A jan he len dam, to be indifferent, unconcerned
Al la chi mu i, to reſt
Al la ma wun ke, under the Bank
Al le ma ke wünk, North Side of a Hill or Mountain
Al le mo woa can, Fear
Al lo cu woa can, Leanneſs, Meagreneſs
Al lum ap to nen, to ſpeak or ſay on
Al lum me uch tum, he went away weeping
Al lum mie che ken, Dogs Hair
Al lum moo chach ton, to carry away
Al lum mooch wa lan, to bring him away
Al lun ſi nu tey, Shot-Bag
A mang a me quok, large Fiſhes
A mang hat tach cat, coarſe Linen
A ma tſchi pu is, Turkey-Buzzard
A men tſchin ſo ac, they praiſe themſelves
A min tſchi uch ſin, to be diſobedient
A min tſchi uch ſu, he is diſobedient
A mo ſchi mo e, a Spike-Buck, a Yearling
A mu i woa gan, Reſurrection
A ne chu nal ti, a bark Canoe
A pach to que pi, Crown
A pa tſchi jen que, when we come back
A pit te hi can, Anvil
A pu a wach to, cheap
Aſch te hel le u, it goes over one another
As ſis quo ha ſu, clayed, daubed with Clay
A we hel le u, a Bird, Fowl
A wos ſach ten ne, over the Hill
A wos ſa gam me, Heaven
A wul lach ge nim, to laud, praiſe
A wull ſit ta men, to obey
Ches ſach gu ta can,

Ches fach gu ta can, Leather Breeches
Choc qui ne woa gan, Cough
Chot a ja pe u, a large Buck
Chot tschi la mo can, a large Keg
Chwe len so woa gan, Pride
Clam hat te na min, to be of a calm, settled Mind
Da ja man da men, to feel
Da jas ge len dam, to be tired of waiting
Dal lo wi ga men, to overcome
Da mach gi ga men, to tread upon something
Des pe hel le u, he has the Small-Pox
E hach ga hi geet, a Distributor, Divider
E hach pus si tunk, a Gridiron
E han ge lük gik, the Dead
E has gi ta mank, Water-Melons
E he lan da wünk, a Ladder
E he nend ha cke, to speak by a Parable
Ek ho ki i ke, at the End of the World
E ko qua lis sac, Rasberries
E la uch si jenk, so as we live
E la wach to heen, to price, set a Price
E le le muc quenk, what we are created for
E le mi lo wank, this Winter
E le mi ni pünk, this Summer
E le mi si quonk, this Spring
E le mo cu na cka, in some Days or Nights
E le na pe wit, the Indians
El gi gunk ha ki, the whole World
E li le ni jenk, as is customary with us, so as it is usual among us
E li na xi an, your Look, Appearance
E li na xi jenk, so as we are, our Appearance
El li na xo wak,

I

El li na xo wak, they look both alike
E lin que chi nak, before me, before my Eyes
E lin que chi nan, before you
E lu wi lüs fit, the holy one
E lu wi wu lik, beft, fineft, moft precious
E na pan di can, the hind Sight of a Gun
E fchi woa pan ge, every Day or Morning
E fpan ni min fchi, yellow Wood, Raccoon-Tree
E tach gi lo wank, laft Winter
E tach gi ni pünk, laft Summer
E woch ge hi can, a Stirring-Ladle
Gach pat te je u, South-Eaft
Gach pat te je wünk, towards South-Eaft
Gach to na le u, he wants to kill
Gad ham ma wa wall, left to him by Will
Ga gach ge lu nen, to lie, tell lies
Ga ge ke nuk gun, he has chofen me
Ga ge pin que u, he is blind
Ga gi wa la wall, he is cheated, deceived
Ga glol to woa gan, Quarrel, Difpute
Ga me no wi nenk, over the Sea
Gan fcha puch ke u, full of great Rocks
Gan fche lal lo geen, to do great Wonder
Ga tfchiech to woa gan, a Myftery, a fecret Thing
Ge chan na wi taak, a Steward
Gech ge lan da münk, the Bit of a Bridle
Ge kfchiech ti ge hend, a Wafhing-Tub
Ge lant pe pi fid, tied about his Head
Ge nach gi ha tfchik, thofe that take Care of fomething
Ge nach gi hi neen, take Care of us
Ge na me len neen,

Ge na me len neen, we thank thee
Ge na mo woa can, Thanks
Gen da te kun dup, Nails drove in
Gen do we woa can, a Week
Ge nup hum me na, we perish
Gefch gin gu na nünk, in our Eyes
Ge ta jau we wit, a King
Ge ta net to wit, the Almighty God
Ge tfchach ge num men, to loofen, untie
Get te ma ge lo, he is merciful
Get te ma xi jenk, we are poor
Gich ge hel le u, a Fowl with young ones
Giech ki ge hu wet, a Phyfician
Gi gi to wa la, to fpeak to one
Gi gi tfchi mu is, a Summer-Duck
Gi fchach ge ni ma, Sentence is paffed upon him
Gi fchach fo a gan, the Sun-Shine or Light
Gi fchach fum ma gun, the Light fhines upon me
Gifch a tfchi mol fi, to have confulted and agreed
Gi fche le mi lenk, Creator
Gi fcke len dam men, to create, produce
Gifch kfcha go ta men, to faw
Gli ti e cha fu, fewed, nailed, faftened on the hind End
Glü cka te pi fo, hobbled
Glup pi hil le u, turned about
Gooch ga hel le u, it overfat
Goch gach ga fcho will, to fwim over
Goch pe lo la can, a Canoe-Rope
Goch quoa pe te chin, the Pulfe
Gop pach te ne men, to take it out
Gu luc qui hil laan, to be lame, ftrained in the Joint
Gun tfchim ge hi mo,

Gan tfchim ge hi mo, ye are called
Gu fchach fi hi mo, ye are in the Smoke
Gut tan dam me neen, we tafte
Gut ta wi hil laan, it finks down
Gu wi nu wam mel, I befeech, pray thee
Ha gi ach xi tall, wild Earth-Beans
Ha gi ha ga nünk, in the Field
Hal la ma ga mik, for ever
Hi ga hel le u, the Creek is fallen, is moft dry
Hi gi hil le u, the Water falls, abates
Ki gi na me neen, we know
Ki gi na men que, if we knew
Ki kei jum he tfchik, the Elders, Chief Men
Ki kei och que u, an elderly Woman
Ki kei och que wak, elderly Women
Ki ku wi len no, an elderly Man
Ki mach ten na nak, our Brethren
Ki me lan de u, it is not thought to be fo hot
Ki pach gi min fchi, Upland Hickory-Tree
Kit ach pan fchi all, the Joifts, Beams of a Houfe
Kit ha cka mi ke, Upland
Kit ha cka mi kunk, on the Upland
Kitfch ga ni na quot, convenient
Kla cke len da men, to be merry
Knat to na gu na, he feeks us
Knat to na me neen, we feek him
Kfcha me hel la tam, let us run
Kfcha me hel le u, he runs
Kfchip pe bel le u, ftrong, fwift Water in the River
Kfin hat te na min, to be indifferent, or cool of Mind and Heart
Kta hoal ti hen na, we love one another
Kte li te ha ma,

Kte li te ha ma, we think on him
Ktel lo we ne wo, ye say it
Kte ma ge le muk, he pities me
Ktſchin que hel le u, it riſes, comes up
Ktſchuc qui hil le u, it ſhakes or trembles
La chau han ne wall, Forks of Rivers, Creeks
La chau ol quen que, if we are hindered
La chau we len dam, to be concerned
Lach pi hil le u, it goes faſt, quick, *for Inſtance*, a Watch or Mill
Lach we ge quoa can, a Harrow
Lach xo wi len no, a Captain
Laak tſche hel le u, it jumps, leaps
Lan gun do woa gan, Peace
Lap to nal ti jenk, as we ſpoke with one another
Lat to ni ke u, he ſeeks, examines
Lat to ni ke te, if he would examine
La tſche ſe woa gan, Goods, Merchandize
Lau ha cka mi ke, the Middle of a Piece of Ground
La uch ſo woa gan, Life, the living in this World
La wach to woa gan, Price, Value
La was gu te ge, on the Plain
La was gu te u, a Plain
La woch ga lau we, the Middle of the Forehead
Le hel le che u, he lives, is alive
Le la woch ga lunk, Middle on the Forehead
Len na ha wa nünk, to the right Hand
Lep po ë woa can, Cunningneſs, Slyneſs
Le we hel le u, it ſounds
Li le no woa gan, Cuſtom, Rule, Law
Li mat tach pan ſchi, a Spar on the Roof of a Houſe
Li nach geech ti te,

Li nach geech ti te, when they lay their Hands to it

Lin gi hil le u, it thaws, melts

Linn ha cka mi ga, common Land, not Bottom but Upland

Lin ni le na pe, Indians of the same Nation

Li te ha jen que, if we think so

Li te ha je que, if ye think so

Li te he woa gan, Thought, Sentiment, Opinion

Li wa nos que u, overgrown with Weeds

Lo ga hel le u, he is discouraged, he dropped it

Lo wi hil le u, it is past

Ma che le ma tam, honour him

Ma che le mu xit, he is honoured

Ma che le mu wi, honourably

Ma che len da men, to value, esteem

Ma che len da sutsch, he shall be honoured

Mach gach ta wun ge, a red Bank on a River

Mach ga nachk te u, Evening- and Morning-Red

Mach gas gach tei jat, red-bellied Snake

Mach ge u ach gook, Copper-Snake

Mach ta ge woa can, War, Fight

Mach ta lap pa je, bad Morning-Weather

Mach ta li pach quall, bad Shoes

Mach tan do wi nenk, among the Devils, in Hell

Mach ta pa muc quot, Dusk of the Evening

Mach tschi hil le u, corrupt, infected, spoiled

Mach tschiech to woa gan, Corruptness

Ma hal la ma gen, I sold it, or it is bought of me

Ma ja uch so woa gan, Unity

Mal li cu woa gan,

Mal li cu woa gan, Witchcraft
Ma mach ta cke nim, to speak Evil of one
Ma mach tfchi ma wall, to speak Evil to somebody, to revile him
Ma ma leek hi can, a Letter, Writing, Book
Ma ma lun qua nall, Stinging-Flies
Ma me lan da men, to vomit
Ma mie cha nes fi, to be ashamed
Ma mo we woa gan, Danger
Ma mu cko woa gan, Destruction
Man dun de woa gan, Blame, Imputation
Ma nit to wi hak, Steel
Ma no que ne fa, he was scalped
Man fcha wi le u, it is wonderful
Man fcha wi na quot, it seems wonderful, admirable
Ma nup pek ha fu, skimmed
Ma fchi la me quak, Trouts
Mas ge qui min fchi, Swamp Huckleberry-Bush
Mat ap to ne u, he speaks rough, uncivil
Mat te le ma wall, he is despised
Mat te mi ga lan, he let him in
Mat te mi ge neen, we enter in, go in
Mat te mi ge u, he enters in
Ma we wi ga wan, a Meeting-House
Ma we wi jen que, when we meet together
Ma win ge woa gan, Reconciliation
Me cach wi na quot, it looks ugly, disagreeable
Me ching ha gi heen, to plant much, a large Field
Mesh ma na hi kenk, a Scum-Ladle
M' cho wi jei ju, old
Me he men do wam,

Me he men do wam, to beg, ask
Me hit tach pi neep, he was born
Me ho wi mi nac, Blackberries
Me lantsch pe woa gan, Vomiting
Me le hin qua won, Eye-Matter
Me med ha cke mo, Turtle-Dove
Me meech xi te u, barefoot
Me mo scha ni gat, Teethless
Me nan tschi wo nünk, to the left Hand
Me ne nachk ha sik, a Garden
Me schup pa luk gun, he sprinkles me with Water
Mes si can ne laan, it hails
Me sis sa cho wak, large Stinging-Flies
Me sit tsche je u, whole, quite
Met ach ge lu nen, to have told a Lie ready
Me tach qui ga quenk, cover us
Met tach quo hi keen, to cover a Thing
Met ap to ne te, when he had done speaking
Met ap to ne u, he has done speaking
Me te chi nan que, when we fall
Me te len si tschik, the humble
Me hoc qui ta men, to bleed out of the Nose
Mie cha nat ta men, to be ashamed of something
Mie cha ne len dam, to be ashamed in Mind
Mie cha nim gus su, he is made ashamed
Mie cha ni na quot, it looks shameful
Mie chas qui ga mik, a Grass-Hut, a Cabbin covered with long Grass
Mie chin qua wu nak, Eyebrows
Mi hil lu sis sac, old Men
Mi ke mos si tam,

Mi ke mos si tam, let us work
Mis si ach pi tschik, those who are or live scattered
Mi tach ca niech ton, to make manifest
Mi we len da mau, forgive him
Mo ë can ne u, a Dog
Mo ë can ne wak, Dogs
Nach gun do woa gan, Agreement, Bargain
Na cho ha ne u, he is alone
Nach pa uch si neen, we converse
Nach xum me ne wo, they kindle, set a-fire
Nad hun ge woa gan, the Fetching
Na ga ta men que, when we trust, hope
Na la na wi can, five Fathoms
Na na tschi ta quik, those that have the Care of some Business
Na we hel le u, Afternoon
'N bi hi li we, I have a hoarse Throat
'N bo cand pe chi, I bruised my Head
Ne cha si ta mook, let us be watchful
Ne cho he te u, the House is empty
'N de lat que hok, I owe him
Ne lo wa uch sit, a Heathen
Ne me nan tschi won, my left Hand
Ne mie chin qua won, my Eyebrow
Ne mi gi hil laan, I bow down
Ne mi gi ta men, I bow, lean myself towards
Ne mo ë woa gan, the Sight, Seeing
Ne na jun ge sac, Horses
Ne ne mi hil lal, rock the Child
Nen na wi po quot, it has the right Taste
Nen tsi ta gu na, he appeared to us
Nes gach qui min schi, wild Cherry-Tree
Ne to pa le tschik, Warriours
'N gut ti te han,

'N gut ti te han, to be of one Mind
'N ha cke uch fin, I hope
Ni hil lach que u, he killed a Bear
Ni hil la li an, my Lord
Ni hil lal gus fu, one who is dependant on another's Command
Ni hil la li jenk, our Lord
Ni hil la pe u, he is free
Ni hil la fo heen, made free, delivered
Ni hil lo we tfchik, Murderers
Ni hil lo we u, he murdered
Ni ma wa na che, to make Provifion
Ni fcho gu na ckat, two Nights or Days ago
Nifk ach ge lu nen, to lie defperately, to tell abominable Lies
Nifk a we ha fi, to be unruly, noify
Nifk toon he woa gan, Uproar, Tumult, Noife
Noch nu ta meek fcheet, Shepherd
Nol han do woa gan, Lazinefs
No liech fich me na, we fpeak, pronounce well
'N ti a fo heen, to feed, pafture
Nun da je len fin, to doubt, diftruft, be uncertain
Nun de hel le u, he is in Want
Nun gi hil le u, he fhakes, trembles
Nut ach ga me u, fomebody hallows over the River, wants to be fetched over
Nu te ma la tfchik, thofe who watched him
Nu te mee xe tfchik, Shepherds
Nu tfchi hil lach fi, to be frightened
Och que hel le u, the Female of Birds, Fowls
Ot chu we woa gan, his Coming
Pach gach gi min fchi, white Oak
Pach gi hil le u, it is broke in two
Pa chi hil la cup,

Pa chi hil la cup, it was split
Pa chi hil le u, it is split, cracked
Pach pa na lo je, Broad-Axe
Pach sa che ni can, Tinder, Punk
Pach tschup pu e u, soft, not hard
Pac que hel le u, he went off privately, he stole away
Pa gach tscha te u, full, filled up
Pai ha que na xin, to be glad to see somebody
Pa joch gu le u, it burns into a Flame
Pa kach te chi nook, they fell to the Ground
Pa kal lo hu wi, to halloo, shout
Pal lach pu woa gan, Innocency
Pal la we woa gan, Transgression, Guilt
Pall hit te he men, to strike amiss
Pal li hil le u, he missed the Time
Pal li kte mi nak, he missed his Fortune
Pam bi le nu tey, a Pocket-Book
Pa pom me uch tum, to go about weeping
Pa po mi le nin, to go about idle
Pa ta ma o na, our God
Pa ta ma wo sünk, to, in, or with God
Pa ta mo ël cha, to pray for one
Pa wall so woa gan, Riches
Pa wall so hal gun, he made me rich
Pa win que hi ke, to shell Corn
Pe cho lin nit ti, in a little While
Pe cho tschi ga lit, } Neigh-
Pe cho wi ga lit, } bour
Peech gau ga ta je, Knee, Calf
Peem ha cka mi ke, on Earth
Peem u te na jik, the Towns round about
Pen dam me ne wo,

Pen dam me ne wo, they hear
Pen qui hil le u, it is dried
Pe ptuc quek hi kenk, a Compass, Circle
Pe quos qui hil la, he broke in the Ice
Pe ta lo gam gun, I am sent hither
Pe ta uch si jenk, we lived to this Time
Pe uch to woa gan, Patience
Pich pem me toon hen, to preach
Pich pem me toon het, a Preacher
Pid hi te he men, he has cut himself
Pi ki hil le u, ragged, rent, full of Holes
Pi li li na quot, it looks otherwise
Pi lu wi na quot, it looks cleanly
Pi mach te lin que, squint-eyed
Pin das se na can, a Pouch
Pin da wa ne wo, they dressed, clothed him
Pin tschi hil lach ton, to put it in, or make it slip in
Pi ta we gie chen, double
Pi ta wi ga wan, a Shade before the House
Plip pi te la wau, he knocked it down
Pom ma uch si ja, as I live
Pom ma uch si jenk, we live
Pom mau we wi jenk, we are about him, near him
Pom mi hil lach taan, it passed by in the River
Pom mi hil le u, it flies by
Pom mi ne hi ke, to dispute
Pom mi ne ho tin, they dispute with one another
Pom mi tach pan schi, Rafter of the Roof of a House
Po pach gan da men, to beat, strike
Po qui hil la cup, it was broke
Po qui hil le u, it is broke
Psac qui te ha sin,

Pſac qui te ha ſin, to crucify
Pſac qui te ha ſu, crucified
Pſac qui te hun dup, they had crucified him
Pſa cu lin ſche u, Squirrel
Pu i hil le u, it comes out, ſlips out
Quap pa la wa wall, they took them out of the Water
Qui la we len ſin, to be at a Loſs what to do
Qui la we len ſu, he is at a Loſs
Qui ſchi ma wa wall, they have condemned him
Quit hi cke woa gan, Prohibition, Forbidding
Sa cka gu ni neen, lead us
Sa cka gu num men, to lead
Sac qua man da men, to feel troubled
Sac que lan da men, to be troubled in Mind
Sa gach gut te je, Top of the Hill or Mountain
Sa je uch he tſchik, the foremoſt
Sa ki ma u cheen, to make one a King
Sa ki ma woa gan, Kingdom
Sa lum bu na ſu, the Bell is rung
Sa lum bu ni can, the Bell
Sa lum bu num men, to ring the Bell
Sas ſap peek ha ſu, ſpotted
Sas ſuc qua la wall, he ſpit upon him
Scap ha cke je u, wet Ground or Land
Schach ach ga gee chen, ſtraight Road
Schach ach ga me u, a ſtraight Row
Schach ach ga pe ju, he is juſt, upright
Schach ach ga pe wi, juſt, upright
Schach ach gek ha ſu, ſtriped
Schach ach ge len dam,

Schach ach ge len dam, to be sure, firm in Mind
Schach ach gen ne men, to straighten
Schach achk ap to nen, to speak true
Scha chi hil le u, it slips
Scha ho woa pe wi, faint-hearted
Schau wi hil le u, weak, fainty
Schau wi pach te u, withered
Schau wu nup pe que, on the Shore of the Lake
Scha wan och que u, a Shawano Woman
Schie chi ki min schi, a Maple-Tree
Schin gach tey a puchk, a flat Rock
Schin gal to woa gan, Enmity, Hatred
Schin ga lu we tschik, Enemies
Schi qui te ha sik, Chips, what falls off
Schi wa mal les sin, to feel Pain
Schi wi la wem gun, I am put to grieve
Schi wos san nol guk, he was tired out
Se gach pa pach ton, wet it, make it wet
Ses sa lum bo ink, a Bell
Se se gau wi han, to whip, scourge him
Se se he la ze, one of the scattered
Si ga pe hi can, a Strainer
Sgik hi te he men, to beat it light, close
Sill ki te he men, to press, squeeze close
Sin gi ga mi ka, the Corner of a House
So ga ni hi mo, pour ye out
So ke ne pa su, baptized
Sook pe kel le u, the Water tumbles or falls down from a Precipice, a Fall
Sque wach gi te hen, bruised
Taa cha ni ge u, where a great many old Logs lie
Tach pa we woa gan, Advice, Instruction
Tach qua ha moa can, parch Meal
Tach qual lo ni can,

Tach qual lo ni can, a Pair of Sciffars
Tach qui bil la ke, when it meets or comes together
Tach qui bil le u, it comes together
Tach quin fche hi can, a Pair of Pincers
Tach qui pu a gan, Love-Feaſt
Tack ach qui min fchi, white Wood-Tree
Ta cka ni la cu, a moderate warm Evening
Ta cka nit pi cat, moderate Night, not cold
Ta cu me ne wo? where do they come from
Ta lat ta woa pin, to behold, view
Tank ha ca na che, to make Baſkets
Tau wa ta wi que, in the Wildernefs
Tau wi hil le u, it goes under Water, overflows
Tech tum mi fchi can, Candle-Snuffers
Te gau won to wit, the patient, meek, mild God
Te ma ge hi can, Water-Pail
Te mi te he men, cut off
Ten dach quo we jek, Stroud
Tes quach ta min fchi, Shiver-Hickory
Te tup pa lach gat, a Rifle-Gun
Te tup tfche hel la, to roll
Te tup tfche hel'laak, a Waggon, Cart
Tgauch fu wi len no, a civil, good-natured Man
Tin a jap pa we, cold Morning
To gen do woa gan, the Wakening
To gi hil le u, he awakes
Ton qui hil le u, it is open, not cloſe
To pa lo woa gan, War
Tfchach gi hil le u, it is broke, ſlipt off
Tfchach quoch ga me u, ſhort Day
Tfchan ni lis tam men, to mifunderſtand
Tfchan nin de woa gan,

Tschan nin de woa gan, Difference, Disagreement

Tschetsch pi hil le u, it goes, cracks, splits from one another

Tschetsch pi hil le wak, they go, part from one another

Tschi hoa pe ke lis, the blue Bird

Tschip hat te na min, to be melancholy, heavy in Mind

Tschi quo la le tit, a little Muscle

Tschis gi hil le u, wiped, rubbed out

Tschit ta nam be so, tied fast

Tschit ta ni la wem, encourage him, animate him

Tschit ta ni te ha, stand fast, be firm in Heart and Mind

Tschitschik ach poch we, Sled

Tup tsche hel le u, it rolls

Uch tschin de woa gan, Offering, Sacrifice

U la can na hen, to make Dishes

Un dach ga me u, on this Side the River

Un daak tsche hel la, to jump hither

Un tschi hil le u, it comes from thence

Wa che lach kei jall, Fish-Shells

Wach tschu hat te u, it is full

Wach tschu wi ge u, hilly

Wach tschu wi ke to, mountainous, hilly

Wa sach te hel la, to lie on the Back

Wa se lan de u, clear Sun-Shine

Wa se le ne men, to lighten, kindle

Wa se le ni can, Candle

Wa woa che pin gus, Light-Bugs, a Sort of Flies

Wa wu la mall sin, to be well

Wa wu la uch sin, to live or behave well, orderly

Wa wu le len dam, to be glad, rejoice

Wdal lach pi he won,

Wdal lach pi he won, the Net, inside of the Belly
Wdal lach que len dam, to grudge, be unwilling to give
Wdam me men ſu wi, Child-like
Wdu ſchus ſo woa gan, Trouble, Pain
We ga ho wes süng, to the Mother
We la pas ſi gan, good Phyſic
We la uch ſi tſchik, orderly, well-behaving People
Wem hun dam me nall, he carried all
We mi hil le u, it is all gone, all out
Wen dach gut tee chen, where the Road goes up the Hill
Wen dach gut te jek, up Hill
Wen da uch ſi jenk, we lived by it to this Time
Wen tſchin de woa gan, Call, Invitation
We ſchi le ma tſchil, his Relation by Marriage
We uch ſchum mu is, Cattle, Cow or Ox
We wu la tach gat, fine Linen
Wiech que len tſche pi, Gloves
Wi gas gu te u, the End of the Plain
Wi hun de woa gan, Sacrifice, Offering
Wi kin de woa gan, Marriage
Wi la wi len no, a rich, able Man
Wi la wi li han, to treat one generous, grand
Wi li ne woa gan, Head-Ache
Wim be ne mu len, I will live and die with you, I will ſuffer with you
Wi na mall ſach tin, a Diſtemper is among them
Wi na man da men, to feel Pain
Win ge la wos ſi, you have a good Fire
Wi nu we woa gan, Petition, Requeſt
Win ge woch que u, Raven
Wi pe lach te u,

Wi pe lach te u, Soot out of the Chimney
Wi qui hil le u, he is tired, weary
Wi fach gi min fchi, Vine-Tree
Wi tach pun di tfchik, married People
Wi tach pun ge u, he is married
Wi ta la mu in, to fing with in Company
Wi ta we mi neen, be with us
Woak a ga po ac, they ftand in a Ring, Circle
Woak hat ti min fchi, Mulberry-Tree
Woap a fcha pi all, white Beads
Woap koc qua wu nall, gray Hair
Woch gi tach ten ne, Top of the Hill
Wo nach gu lin fchall, the Point of the Fingers
Wo na tam mo wi, fanciful, whimfical
Won nis fo woa gan, Forgetfulnefs
Wo wi fach gis fu, he is wanton, playing Mifchief
Wfcha chi hil le u, he flipped
Wta cka que mi no, a tough Tree
Wta cku lin fche u, Raccoon
Wtap pan do woa gan, Commandment
Wtal lu we ne wo, they faid
Wu la cu nun goom, he goes early to Bed
Wu la mal les fin, to be well
Wu la mi fu we, a while ago
Wu la mo ë ju, he is true
Wu la mo ët te, if he is true
Wu lan to woa gan, Grace
Wu la pa muc quot, it is clear, well to be feen
Wu la pen da men, to enjoy, have Benefit
Wu lap to nach gat, a fine Word, good News
Wu lap to ne u, he fpeaks favourable
Wu lat tau woa pi,

Wu lat tau woa pi, to have a good Sight, good Eyes
Wu la te na min, to be happy
Wu la tſchi mol ſin, to treat of Peace
Wu lenſch gan ſi tall, the Toes
Wu li hil le u, it is good
Wu li la we ma, it gave him Satisfaction, Comfort
Wu li ne ich quot, it is well to be ſeen
Wu li pom mis ſin, good Walking
Wu li te ha ſu, well hewed, cut
Wu lum mach dap pin, he ſits
Wu lum hi gie chin, to ſquat down
Wu lüs ſo woa gan, Beauty, Prettineſs
Wu nach go ma wall, he anſwered him
Wu nach qua lo je, a ſharp Point
Wu na ju ma wall, he carries him
Wu nan ne ta ton, he does not know to do it, or to make it
Wu nat to na maak, his Son-in-Law
Wu nuc gach tum men, he left, quitted

Compound Words of ſix, ſeven and more Syllables.

AB tſchiech goch gi hil le u, he bled to Death
Ach ga hi ke woa gan, Diſtribution, Dividing
Ach ge gin de woa gan, Teaching, Information
Ach ge nin de woa gan, a falſe, evil Report
Ach ge tak tſche hel lak, they jump out of the Fence
Ach get te ma ki na quach tol, they look poorly, pitiful
Ach gi gu we woa gan,

Ach gi gu we woa gan, nonsensical, light-minded Talk
Ach gi wa lit te woa gan, Deceit, Fraud
Ach ki wi te he u, irresolute, not firm in Mind
Ach ki wi te he woa gan, Irresolution
Ach quoa na ga me u, long Day
Ach quoa na qui ge u, long Timber
Ach sün hit te hi can, a Steel Trap
Ach tschip ap to nen, to talk strange, rough
Ach wan gun do woa gan, strong, lasting Peace
A jan he len da mo a gan, Indifference
A jan his so woa gan, Indifference
A la gen do wen ke, after Sunday
A la chi mo a te na min, to rest happy
A la chi mo ë woa gan, Rest
Al la pi jei ju woa gan, Activity, Quickness
Al le mi hil le u, it is going, flying
Al le mi tsche bel lach ton, to draw, roll away
Al lo we len dam mo a gan, Esteem
Al lo wi hil le u, left over
A ma cha wi la wech to woa gan, Punishment
A man ga nach qui min schi, Spanish Oak
A man tam mo ë woa gan, the Feeling
A me man sche li nam, he sees wonderful, extraordinary Things
A me man sche li na mo pa nün ga, they saw extraordinary Things
A men tschi mel lach gik, those who praise him
A men tschin de woa gan, Praise
A min tschi uch so woa gan, Disobedience
A mo qui gach sche chin, to bruise the Nail of the Finger
A na tschi hu we woa gan, Care
A nin si hil le u,

A nin ſi hil'le u, a young Fowl, Bird
Ank hit ta ſo woa gan, Loſs
A pach gi len tſchach ſi, warm your Hands
Ap ta ho wal quen gup, he loved us unto Death
Ap ta ho wal to woa gan, Love unto Death
A we le mu cku nees, a young Buck
A wen dam mo a gan, Suffering, Pain
A wen dam mo wan ge lo woa gan, painful Death
A woſs ha gi ha ne, the other Side of the Field
A wul lach ge ni mo, praiſe him
A wul lach ge ni mo a gan, Praiſe
A wul ſit tam mo ë woa gan, Obedience
Chwoch pan ni hil le u, an old Turkey-Cock
Clam hat te na mo a gan, Firmneſs, Steadineſs of Mind
Da jan dam mo a gan, Deſire
Da la cki hil le u, tore, or rent in two
Dal lo we len da men, to eſteem, value it above any Thing
Dul he wi ne woa gan, Pain in the Breaſt
Een ha wach to woa gan, Payment, Reward
E hab ho que chi nünk, Cuſhion, Pillow
E ha hoa pe wi tſchik, the ſtrong
E hal luch ſi tſchik, the mighty and powerful
E ham hit te hu cuk, the Battery of a Gun-Lock
E ha wa nu ha lu wet, a Deceiver
E he lek hi ge tonk, Ink
E hel la we ken gik, they uſe it for ſome Purpoſe
Ek ho ke wi li tſchi, many Nations
E le woak tſche hel li, to jump over
E lu wi a ho woa pe wid, the ſtrongeſt
E lu wi tſchi ta nes ſid,

E lu wi tſchi ta nes ſid, the ſtrongeſt
E nend ha cka gan nall, Parables
E nend ha cke woa gan, a Parable
Gach ga mu ni min ſchi, ſtrange Tree
Gad ham ma wach to woa gan, laſt Will, Teſtament
Ga ge pin quen gu neen, we are blinded
Ga gi wa nant pe hel le, giddy in the Head
Ga ke pin quoch me na, we are blind
Ga ke ge nuk gu ncen, he choſe us
Gan ſche lal lo ge woa gan, Wonder
Ge bach ga ma pu ek, the great Sarſaparil
Ge kte ma ge lo woa gan, Mercy
Ge ma men tſchi mel lan, I praiſe thee
Ge ma men tſchi mel len neen, we praiſe thee
Ge ma men tſchi mel lo hen na, we praiſe thee
Ge much wi le le muk hum me na, we are created for ſome great Purpoſe, Deſign
Gech pil guſs ſo woa gan, Bond, Tie
Ge ma me man ſche li na mo hen na, we ſee extraordinary, or wonderful Things
Ge men hat te jum me na, our whole Country
Ge nach ge le mi ncen, keep us, take Care of us
Gen da ſo wi hil la hump, to have ventured
Gen da ſo wi hil le u, he ventured
Ge nuk ta hin qua muk, he looks ſteady upon you
Ge ſchie chich qui jan gup, he who has cleanſed us
Ge ſchie che muc qui jan gup, he who has waſhed us
Get te ma ge len ſit, one who is humble
Get te ma ge len ſi tſchik, thoſe who are humble
Get te ma ge li an,

Get te ma ge li an, he who shews Mercy unto me
Get te ma ki tschi ta nen gus si hump, he held thee fast miserably
Get te mi na cu woa gan, Luck, Fortune
Ge tüs gam mau wa tup, drove out from him
Giech ge mim gu na nak, they speak Evil to us
Giech ge mim quen gik, those that speak Evil to us
Giech ki ga wach to woa gan, Nearness
Gisch ach ge 'nin de woa gan, a determined, settled Report of somebody
Gisch ach ge nu ta su, concluded, made out
Gisch ach ge nu te men, consulted
Gi sche le mat pan nik, those whom he created
Go gooch ga hel le u, it waggles
Gooch gan ne me na nall, our Bones
Go win ge la wos si, you have a good Fire
Gu luc qui hil le u, he is lame
Gun tschi tan ge woa gan, Admonition, Exhortation
Gus qui hil le uch sa, he broke in the Ice
Gu wi nu wam mel lo hen na, we beseech thee
Hat ta wa no min schi, Dog-Wood
Hit tan de li to woa gan, Instruction
Kdal le mun se na nak, our Creatures
Ki ge no le woa gan, Sign, Token
Ki wi ka mell hum mo, I come to visit you
Kla cki pom ma uch sin, to live light-minded
Kla cki pom ma uch so woa gan, light-minded Life
Kschiech goch gi hil le u, it bleeds fast
Ksin hat te na mo ac, they are indifferent, careless
Ksin hat te na mo a gan,

Kſin hat te na mo a gan, Indifference
Ktſchi hil la lo we u, a Traitor
La che nen do woa gan, Releaſe, Diſmiſſion, Looſening
La cke nin de woa gan, Accuſation
Lal chau uch ſi ta ja, the Forks of the Toes
Lal chau wu lin ſcha ja, the Forks of the Fingers
Lan go mu wi na xu, he looks friendly
Lat que hu to woa gan, Debt
La we len dam mo a can, Diſcouragement
Le chac qui hil lach to, ſlacken, looſen it
Le chac qui hil le u, it ſlackens
Le hal lach xu ha lu we woa can, Offence, cauſing Anger, Diſguſt
Le hel le chem hal gun, he ſaved my Life
Le hel le che woa gan, Life
Len na pe u ho xen, Indian Shoes
Len no we hel le u, the Male of Fowls, Birds
Lep po ë wi le no, a cunning Man
Loch lo gan ne chi neep, he has deſtroyed
Lo ga hel le woa gan, Diſcouragement
Ma che le mo ach ge ni ma, praiſe, glorify
Ma che le mu xo woa gan, Praiſe, Glory
Ma che len dam mo a gan, Eſteem, high Value
Ma che len ſo woa gan, Pride
Mach gi ke ni min ſchi, Thorn-Buſh
Mach ke we hel lach ti can, a Flag, Colour
Mach ki pach gi hil le u, the Leaves grow red (as uſual in the Fall)
Mach te cke nin de woa gan, a bad, wicked Report of a Perſon
Mach ta lo hum mau wau, he is directed the wrong Way
Mach ta pe quo nit to,

Mach ta pe quo nit to, a bad, evil Spirit
Mach ta te na mo a gan, Unhappiness, Uneasiness
Mach tschi la uch so woa gan, a wicked Life
Mach tschi te he woa gan, Wickedness
Ma he ma tsche hel lat, the Cock of a Gun-Lock
Ma ja uch so woa gan, Unity
Ma mach ta cha we ju, he is weakly
Ma mach tap to ne woa gan, wicked, vile, rough Talk
Ma mie cha nu te mau, to put one to Shame, to revile him
Ma min tschin ge woa gan, Praise
Mat ta lo hu ma wa wall, he directs, shews him the wrong Way
Ma tschi lüs so woa gan, sinful Behaviour
Mat ta uch so woa gan, Sin
'M bid hi te he men, I have cut myself
'M boc quas qui hil la, I broke in the Ice
Me chat quen de woa gan, great Debt
Me ching ha gi ha can, a large Field
Me he met an gel lo woa gan, Agony of Death
Me hit tach po a gan, Birth
Me hoc qui ne woa gan, the Bloody-Flux
Me mach ta cke nim quen gik, those who speak Evil from us
Me mach tschi luc quen gik, those who speak Evil to us
Me mach tschi lüs si tschik, Sinners
Me ma ja uch si jenk, every one of us
Me min tschim gus si an, thou art praised
Me nat te he woa gan, Envy
Me ta lo hum ma wach ti tschik, those who lead one another wrong
Me te len so woa gan,

Me te len so woa gan, Humiliation
Me tschiech goch gi hil le u, all his Blood flowed out, he bled to Death
Me tschiech goch gi hil leep, he did bleed to Death
Me tschi te he moal quen gik, those that wish us Evil
Mie cha ne len dam mo a gan, Shame in Mind
Mie cha nes so woa gan, Shame
Mi ke mos se woa gan, Work, Labour
Mi we len dam ma gu neen, he forgives us
Mi we len dam mau wil, forgive me
Mi we len dam mau wi neen, forgive us
Mi we len dam mo a gan, Forgiveness
Mon ha can ni min schi, Dog-Wood
Na che le ney ach gat, three different Sorts
Na chi na we woa gan, Luck, Chance
Nach pa uch so woa gan, Conversation
Na ge la wen do woa gan, Comfort
Na ge uch so woa gan, Hope, Confidence
Na hi hil la jen que, when we go down the River
Nal la wi la uch so woa gan, Heathenish or worldly Life
Na nun gi hil le u, he trembles, shakes
Nat ta woa pan da men, to look, seek for something
Na wot al lau wi u, he hunts by the Way
Ne lo wi pom ma uch sit, a Heathen
Ne lo wi pom ma uch si tschick, Heathens
Ne lo wi pom ma uch si tünk, among the Heathen
Ne mi gi hil le u, he bows himself down
Ne nach gifs ta wachtin, to hearken, listen to one another
Ne no stam moë woa gan,

Ne no ſtam moë woa gan, Underſtanding
Ne to pa lo we woa gan, War
'N gat ta mau wi neen, leave unto us
'N gut ti te ba tam, let us be of one Mind
'N ha cke we len da men, I hope
Ni ga ni bil le u, he goes before, firſt
Ni hil lal gus ſo wak, they are owned, they are ſubject, not free
Ni hil la pe u hoal gu na cup, he hath redeemed, ranſomed us
Ni hil la pe ju woa gan, Redemption, Ranſom
Ni hil la pe u hoal quenk, he redeemed us
Ni hil la ſo woa gan, Freedom, Liberty
Ni hil lat tam mo ë woa gan, Property, Right, Privilege
Nilch gus ſi jank pan ne, if we had been killed
Ni püs ge len da men, to be glad, merry
Ni ſcho gu nak ha cke, in two Days
Niſk ach ge lu ne woa gan, a miſerable Lie
Niſk a lo ge woa gan, naſty, dirty Work
Noch nu te ma lu wed, a Watchman, Keeper
Noch nu te me xe tſchik, Shepherds
No le me lan de u, ſultry Weather
Nu ckach ta che ma wach to woa gan, laſt Will, Teſtament
Nun de hel le woa gan, Want
Nut a me men ſe mi, I have Children
Nut a me men ſe u, a Child's Nurſe
Pach gi ta ta ma wach to woa gan, Forgiveneſs
Pach gi ta ta mau win, to forgive
Pach gi ta ta mau wil, forgive me
Pach gi ta ta mau wi neen, forgive us
Pa cke num mu i bil le u, it grows dark
Pal la uch ſo woa gan,

Pal la uch ſo woa gan, innocent, unreproveable Life
Pal li lüs ſo woa gan, Tranſgreſſion
Pa pal lach wil ſum ma, he miſſed his Fortune
Pa pa ta mo ël chu we woa gan, Interceſſion
Pap chak hit te ha ſu, bruiſed
Pa pi lu wi lüs ſi, you are in another Diſpoſition
Pas ſi hil lach gech qui min ſchi, Swamp-Oak
Pa ta mo ël cha wu na nak, we pray for them
Pa ta mo ë wi ga wan, Temple, Houſe of Prayer
Pa ta mo ë woa can, Worſhip, Prayer
Pa ta tam moë woa can, Merit
Pa wall ſo wi len no, a rich, able Man
Peech ga wi nach ga ja, Elbow, Calf
Pech pom ma uch ſu ha lu wed, Saviour
Pe hach paam han gik, Seafarers
Pen nau we len dam men, to conſider
Pen nau we len da mook, conſider ye
Pen nau we len dam mo a gan, Conſideration
Pen nund hi cke woa gan, Direction, Information, Inſtruction
Pe pach gi tſchi mu i his, manifold in the Belly of Cattle
Pind pe hel lach ti can, a Funnel
Pin tſchi hil lach tau wan, to clothe, put on him
Pis ga pa moc quach toop, it was duſk
Pi te la we min ſchi, Honey, Locuſt-Tree
Pom ma uch ſi jan ne, if you live
Pom ma uch ſo hal quich titſch, they will be ſaved
Pom ma uch ſo woa gan, Life
Pom ma uch ſu ha li an, my Saviour
Pom ma uch ſu hal queek,

Pom ma uch fu hal queek, your Saviour
Pom ma uch fu hal quenk, our Saviour
Pom mau we wi ta mook, let us remain
Que cu luc qui hil le u, he is lame
Que cu lu xi tfchik, the lame
Que he moa li hi mo? do you make Game of me
Que qui la we len dam, to be at a Lofs what to do
Qui la we len fi te he woa gan, Diftrefs, utmoſt Concern
Qui la we len fo woa gan, Concern
Qui te lit to woa gan, Commandment, Law
Quo we le mi gi ta wo we na, we bow, or kneel before him
Sa cka gu nuk gu neen, he leads us
Sac qua mall fo a gan, troublefome, uneafy Feeling
Sac que len dam mo a gan, Uneafinefs, Trouble
Sac qui la uch fo woa gan, troublefome Life
Sa las gi hil le u, frightened
Sa fa pe le hel le u, it lightens
Sa fuc qua la wa woll, they fpit on him
Scap ha cka mi ge u, wet Ground, Land
Schach ach ga uch fo woa gan, Uprightnefs
Schach achk ap to ne woa gan, a true Word, an upright Saying
Scha fchi wi la we ma, he is mocked, defpifed
Schau wi na xu woa gan, Weaknefs
Schau wop pi hil le u, it bends, bows
Schin gi na wach to woa gan, Enmity
Schi pa qui te ha fi, to crucify
Schi pa qui te ha fi tup, he was crucified
Schi wa mall fo a gan,

Schi wa mall so a gan, Pain, Smart
Schi we len dam mo a gan, Grief, Sorrow
Se sa las sum mo ë hund, a Frying-Pan
Se se gau wi hu ge woa gan, the Scourging
Sin ga wi ca na won, Back-Bone
Si pu o man di can, wild Plum
Si quon na te wi hil le u, Showers of Snow and Rain in the Spring
So ke ne pa so woa gan, Baptism
Suk ach gun ne men, to lay the Fire-Brands together
Tach qua hoa ca ni min schi, Gum-Tree
Tan ge len so woa gan, Humility
Ta ni ca ni min schi, white Beech-Tree
Ta tan dach go que hel le u, he shakes his Head
Ta tan dach go que hel le woa can, the Shaking of the Head
Tech ta wonk hil len tschik, those who are deceived
Te pe len dam mo a gan, Sufficiency
Te ta wonk hil lu wet, a Deceiver
Tgau wi tan ge len su, meek, mild
To gi hil la jen ke, when we awake
To pa lo wi len no, Warriour, Soldier
Tpüs gau wi hil le u, it is Time, the Time is at hand
Tschan na uch so woa gan, Fault, Defect
Tschan ne len dam mo a gan, Scruple, Doubt
Tschan ni stam mo ë woa gan, Misunderstanding
Tschan sit tam mo ë woa gan, Mishearing, Misunderstanding
Tsche tscha ni la we quen gik, those who trespass against us
Tsche tschet schpi hil le u, it cracks, splits from one another
Tschi pe len dam mo a gan,

Tschi pe len dam mo a gan, Strangeness, Oddness
Tschi ta nis so woa gan, Strength
Tschit ta ni tau wi neen, strengthen us
Tu ckau wus so woa gan, Kindness, Favour
U la ca na he mun schi, Elm-Tree
U la cu ni po a can, Supper
Wach tschu was ge neen, our House is full of People
Wdal le wus so woa gan, Power, Strength
Wdal lo we le mu wi, precious
Wdal lo wi lüs so woa gan, Glory
Wda me men su wi jei, to be Child-like
Wda me men su wi jei ju woa gan, Child-like Behaviour
Wdu schu wus so woa gan, Trouble, Pain
Wech wu lam mo ë hend, Water-Pail
Wech wu li la we hu wed, Comforter
Wech wu li la wem quenk, our Comforter
We ga ho wes sün gik, Mothers
We lach ge ni me jen gup, who has made Intercession for us
We li ta won ni tschik, those that are finished
Wen de num ma wach to woa gan, Admittance, Reception
Wen de nu xo woa gan, Admittance, Reception
Wen tschi pen nas sie chünk, where the Road comes down the Hill
We uch schum mu i sac, horned Cattle
We wi la wi hil la lil, refresh, cheer me
We wi la wi hil la li neen, refresh us
We wi sach gi gus si tup, he was tormented
We wu la te na mo ha lid, my Saviour
We wu la te na mo ha lu wed, Saviour
We wu la te na mo wi,

We wu la te na mo wi, happy
We wu le len da mo wi, joyful, glad
Wa wun de len dam mo a gan, Diſtreſs, Concern
Wi hi ta wem gup pa nil, thoſe that had been with him
Wi la we len ſi te he woa gan, Highmindedneſs
Wi la wi och que u, a rich Woman
Wi na mall ſach to wak, they are ſickly, there is a Diſtemper among them
Wi na mall ſo a gan, Sickneſs
Wi na man dam mo a gan, Pain, Sore
Win ge len dam mo a gan, Approbation, the Liking of a Thing
Wi ſach ga mal les ſin, to feel ſore Pain
Wi ſach ga mal les ſo woa gan, bitter Pain
Wi tach pun de woa gan, Marriage
Wi ta uch ſun do woa gan, Fellowſhip
Wi ta we mat pan ni, who was with him
Wi tſche ach ge ni mat pan ni, one who helped to accuſe him
Wi tſche a tſchi mol ſi, to be with in Council
Woa ke chi ne li tſchi, thoſe that are or ſtand in a Circle
Woap ti gi hil le u, pale
Woap ti gin que hel le u, broken Eyes
Woch gid ha cka mi que, upon Earth
Wo na tam mo a gan, Fancy, Fantaſm, Want of Senſes
Won ni pach qui hil le u, the Leaves come out
Wo woa tam mo a gan, Wiſdom
Wo woa tam mo wi len no, a wiſe Man
Wſchi ne mo ë len dam, to ſeek, or wait with Sorrow
Wta won ge lo woa gan, Loſs, Damnation
Wtel le na ha wa nünk,

Wtel le na ha wa nünk, to his right Hand
Wtel le wun fo woa gan, Name
Wtu ckau wa tfchach to woa gan, Favour
Wu la cke nin de woa gan, a good Report of fomebody
Wu la lo ge woa gan, a good Work
Wu la mal les fo heen, made happy or well
Wu la mal les fo hal gun, he made me happy
Wu la mal les fo hal quenk, he makes us happy
Wu la me hel le u, it paffes, goes well
Wu la mo ech tit te, if they were true
Wu la mo e woa can, Truth
Wu la mo we ca mi ke, formerly, in Times of old
Wu la pe ju woa gan, Uprightnefs
Wu la pen fo woa gan, Bleffing
Wu la te na mo a gan, Happinefs
Wu la tfchi mol fo woa gan, a Treaty of Peace
Wu lat tau woa pu a gan, good View, Sight
Wu la uch fo woa gan, good Life, Behaviour, Conduct
Wu le le mi le u, comical, wonderful
Wu le le mi na quot, it looks comical
Wu le le me len dam, to admire, wonder
Wu le len dam mo a gan, Joy
Wu le len fo woa gan, Self-Pride
Wu li la we hi neen, comfort us
Wu li la wem ke woa gan, our Comfort
Wu li la wen de woa gan, Comfort
Wu li lüs fo woa gan, Goodnefs
Wu li ftam mo ë woa gan, Faith, Believing
Wu lo wach tau woa pin, he looked over, beyond it
Wu lo win que hel laan, to overlook a Thing, not mind it
Wu na cha na ma wach ti ne wo,

Wu na cha na ma wach ti ne wo, they cast Lot
Wu nach pa uch si nall, he has Conversation with him
Wu na nan gi hil le woa gan, Trembling
Wu ne nach gi sta gol, he listens, hearkens to him
Wu ne nach gi sta wan, to hearken to one
Wu nen na ma wa woll, he knows him, he found him out
Wu ne no stam mo ë woa gan, his Understanding
Wu nent si ta wa ga nid, his Appearing, his Coming
Wu ni ga ni ta ma woll, he came before him
Wus ke len na pe wak, young People

A BEL, A bi me lech, A dam, A hab, A has, A mos, Ba bel, Ba ruch, Ca jus, Ca leb, Ca na, Ca na ni ter, Che ru bim, Cho ra zim, Co res, Co rinth, Cre ta, Cy re ne, Cy rus, Da gon, Da vid, De bo ra, De li la, De mas, Di na, E ber, E dom, E li, E li sa, E li sa beth, E noch, E sau, E va, Fe lix, Ge ne za reth, Go sen, Ha ba cuc, Ha gar, Ha man, Ha ran, He le na, He noch, He ro des, Horeb, Ja cob, Je bus, Je hu, Je ru sa lem, Jo hann, Jo ja da, Jo ja kim, Jo na dab, Jo ram, Jo seph, I sa bel, Ju das, Ke gi la, Ke tu ra, Ko rah, La ban, La mech, La za rus, Le vi, Lu cas, Ma ho met, Mo ses, Na bal, Na both, Na hum, Na za reth, Ne ro, Ni ca nor, Ni co de mus, Ni lus, Ni ni ve, O bed, O ne si mus, O reb, Pau lus, Pe rez, Pha ran, Phi le mon, Pi ne has, Pi la tus, Ra hab, Ra hel, Ra ma, Re gi na, Re zin, Rho dis, Ro si na, Ruben, Sa lo mo, Sa ra, Sau lus, Se ba, Si don,

Si don, Si lo, Si mon, Si na, So dom, Su la mith, Sy ra cu fa, Tha mar, Tho mas, Thra fi bu lus, Ti tus, Tri po lis, Ty rus, Za bu lon, Za dock, Zi po ra.

E pa phro di tus, Eu phrat, Vic tor, E fther.

A dra me lech, A fri ca, A gnes, A gri co la, A ga tha, A hi to phel, Au gu ftus, Au gu fti-nus, Ca fpar, Ca ftor, Ca tha ri na, Chri fti na, Chri fto pho rus, Chri ftus, Chry fo fto mus, Cre fcens, Cri fpus, Cy prus, Da ma fcus, Do-than, E kron, E li phas, E phe fus, Fe ftus, He bron, He pha ta, Ja phet, Je ri cho, Je thro, Jo na than, Jo fa phat, Jo tham, I fa char, Ju-fti na, Ke phas, La chis, Ly fi ma chus, Ly ftra, Mag nus, Me phi bo feth, Me thu fa lah, Mi-cha, Mi thri dat, Mo fcau, Na than, Ne ftor, O ne fi pho rus, O phir, Pa læ fti na, Pe trus, Phi li fter, Po ti phar, Pri fca, Re chab, Ri-phat, Sa drach, Sa mo thra ce, Si chem, So-phift, Ste pha nus, Te ra phim, Ty chi cus, Xe no phon, Zi klag, Zo phar.

Ab ba, Al pen, Am mon, An na, An ton, Ar nol dus, Can ton, Car mel, Con rad, Cor-ban, Es ra, Gal lus, Geb hard, Ger fon, Gil-gal, Hed wig, Hein rich, Jop pe, Jor dan, Lud wig, Lyd da, Mal ta, Mam mon, Man na, Mar cus, Mir jam, Nim rod, Ot to, Pat mus, Pol lux, Pon tus, Quar tus, Quin tus, Rab bi, Rein hold, Sam gar, Sar dis, Sim fon, Tar fen, Thir za, Ul rich, Wil hel mus, Xer xes.

Al brecht, Al phon fus, Ar chip pus, Con ftans, Ger traud, Jeph tha, Mal chus, Mar tha.

A bed ne go,

A bed ne go, Ab ſa lom, A has ve rus, Al ba nus, Al co ran, A le xan der, An ge lus, An ti pas, Ar ta xer xes, Bar ba ra, Bar na bas, Bar ra bas, Bel ſa zar, Ben ha dad, Ben ja min, Ber ſa ba, Bne har gen, Ca lix tus, Cam by ſes, Can da ces, Car lo wiz, Cy ril lus, E ras mus, E vil me ro dach, Fer di nan dus, For tu na tus, Ger ma ni cus, Go mor ra, Ha kel da ma, Ha li car nas ſus, Han ni bal, Her cu les, Ho lo fer nes, Je did ja, Jo han nes, Is bo ſeth, Ku ni gun da, Mag da le na, Mar ti nus, Me gid do, Ne bu cad ne zar, O dol lam, Pe nin na, Per ga mus, Phi lip pus, Pom pe jus, Rab ſa ke, Re bec ca, Ro ber tus, Sal ma nas ſer, San he rib, Sa tur nus, Si byl la, Si gis mun dus, Siſ ſe ra, Su ſan na, Syl va nus, Thes ſa lo nich, This bi ter, Va len ti nus, Ur ſu la, Wi gan dus.

Ab ja thar, A dol phus, A grip pa, A ri ſtar chus, Ar pha xad, A ſab tha ni, Bath ſe ba, Beth le hem, Beth pha ge, Beth ſe mes, Con ſtan ti nus, Co rin thus, Er ne ſtus, Fran ciſ cus, Geth ſe ma ne, Gol go tha, Mel chi ſe dek, Naph ta li, Pri ſcil la.

Ba al, Bo as, Ca in, Do eg, Hi ob, Ja el, Jo ab, Jo as, Jo el, Le a, Mo ab, No a, Pnu el, Si on, Zi on.

A bi a, A bi ga il, A do na i, Æ gi di us, Æ mi li a, A ge ſi la us, A na ni as, Ba by lon, Be li al, Be za le el, Bi le am, Ci li ci a, Clau di nus, Da ni el, E le a zer, E li as, E li e ſer, Eu ſe bi us, Ga li læ a, Ga ma li el, Gi de on, Gi le ad, Go li ath, Gre go ri us, Ha ſa el, He ro di as,

He ro di as, He ſe ki el, Hi e ro ny mus, Hi-
la ri us, Ho ſe a, Hy me næ us, Ja i rus, I du-
mæ a, Je re mi a, Je ro be am, Je ſa i a, Jo-
ſu a, I re næ us, I ſa i, I tu ræ a, Ju dæ a,
Ki ri ath, La o di cæ a, Ly bi en, Ly ſa ni as,
Ma ce do ni en, Ma ha la le el, Ma no ah, Ma-
ri a, Me ſo po ta mi a, Mi di an, Mi ſa el, My-
ſi a, Na e man, Na za ræ er, Ne he mi a, Ni-
co la us, O ri on, O ſi as, Pe ræ a, Pha nu el,
Pha ra o, Pto lo mæ us, Re ha be am, Sa ma-
ri a, Sa mu el, Si ci li en, Si lo ah, Si me on,
Si na i, Sy ri en, The o do rus, Thæ be a, Ti-
be ri us, Ti ti us, To bi as, Va le ri us, U ri as,
Ze ba oth, Ze be dæ us.

Be tha ni a, Be thu el, Ca i phas, Chri ſti an,
Cle o pa tra, Cle o phas, De me tri us, Do ro-
the a, E ze chi el, Ga bri el, I ſcha ri oth, Jo a-
chim, Lu cre ti a, Le vi a than, Ma la chi a,
Ma le a chi, Ma ta thi as, Mi cha el, Na tha na-
el, Ra pha el, Se ba ſti an, The o phi lus, Ti-
mo the us, Za chæ us, Za cha ri a, Ze pha ni a.

Ap pi us, Bar ſil la i, Chal dæ a, Ge or ge,
Hag ga i, His ki a, Jad du a, Jeſ re el, Leb-
bæ us, Le on hard, Meſ ſi as, Miz ra im, Pon-
ti us, Ser gi us.

Al phæ us, An dre as, Mat thæ us, Mel chi or.

Be el ze bub, Ca per na um, Cor ne li us, Im-
ma nu el, Le o pol dus, Mac ca bæ us, Mer cu-
ri us, Thu bal ka in.

A le xan dri a, An ti o chi a, Bar tho lo mæ us,
Beth ſa i da, Mar do cha i.

*K*I *Wetochemelenk, talli epian Awoſſagame. Machelendaſutſch Ktellewunſowoagan. Kſakimawoagan pejewigetſch. Ktelitehewoagan legetſch talli Achquidhackamike, elgiqui leek talli Awoſſagame. Milineen eligiſchquik gunigiſchuk Achpoan. Woak miwelendammauwineen 'n Tſchannauchſowoagannena, elgiqui niluna miwelendammauwenk nik Tſchetſchanilawequengik. Woak katſchi 'npawuneen li Achquetſchiechtowoaganüng, tſchukund ktennineen untſchi Medhicküng. Alod knihillatamen Kſakimawoagan, woak Ktallewuſſowoagan, woak Ktallowilüſſowoagan ne wuntſchi hallemiwi li hallamagamik. Amen.*

Metellen endcheleneyachgat Wtachpawewoagannall.

Netamiechen Wtachpawewoagan.

*K*AT*SCHI a pili Gopatamawoſemiwon ni elinquechinak.*

Niſcheleneyachgiechüng Wtachpawewoagan.

Katſchi a gemannihawon temiki M'ſink woak temiki köcu elinaquo, nenwhockung Awoſſagame, tſchita hacking Achquidhackamike, tſchita ne 'mbink equiwi hacking eteek.

Mattatſch kpatamottamowunall, woaktſchatta gemikindamowunall; 'ntitechquo ni Nihillalan Kpatamauwos 'nkinſi ni Getanettowit, nan netonamauwat Amemenſall Ochwall Pallawewoaganall Shacki nacha woak newo anhocqui giſchigit nik Schingalitſchik;

The Lord's *Prayer*.

OUR Father which art in Heaven. Hallowed be thy Name. Thy Kingdom come. Thy Will be done in Earth as it is in Heaven. Give us this Day our daily Bread. And forgive us our Trespasses, as we forgive them that trespass against us. And lead us not into Temptation, but deliver us from Evil. For thine is the Kingdom, and the Power, and the Glory, for ever and ever. Amen.

The Ten Commandments.

The *First Commandment*.

THOU shalt have no other Gods before me.

The *Second Commandment*.

Thou shalt not make unto thee any graven Image, or any Likeness of any Thing, that is in Heaven above, or that is in the Earth beneath, or that is in the Water under the Earth.

Thou shalt not bow down thyself to them, nor serve them; for I the Lord thy God am a jealous God, visiting the Iniquity of the Fathers upon the Children unto the third and fourth Generation of them that hate me; and shewing Mercy unto *galitſchik ; woak pennundhickeet Gettemagelowoagan chwelinachke endchapachkſitſchik Ekowalitſchik, woak gelenumhittit 'ndachpawewoagannall.*

Nacheleneyachgiechüng Wtachpawewoagan.

Katſchi a gemattauwekewon Wtellunſowoagan Nehellalachk Getannettowit : 'ntitechquo Nihillalquank matta a quonna wdelinawawiwall auween metauwegeet Wdelunſowoagan.

Neweleneyachgiechüng Wtachpawewoagan.

Meſchattamme (Sabbath) Lichliwiechinüng Giſchgu woak machelenda.

Guttaſch tchi Giſchguwall gemikemoſſi, ktelli gemikindamen weemi Gemikemoſſewoagan: tſchuk niſchaſch enda giſchquik nen Sabbath Nihillalquank Kpatamauwos: ne talli mattatſch köcu gemikindamowi, ki, tſchita quis, woak Kdaan, woak Ktallogacan Lenno, tſchita Ochqueu, woak Ktauweſſemak, woak Tſchepſit wetchucquon.

'Ntitechquo guttaſch giſchque Nihillalquank mannitoneep Peemapanneek woak Peemhackamike, Kitahican woak weemi köcu eteek, woak wuliwiechinen niſchaſch giſchquike: newentſchi Nihillalquank wulapenſohatamen Lichliwiechinüng giſchgu woak muchwelendamen.

Palenach endcheleneyachgiechüng Wtachpawewoagan.

Muchwelem Gooch woak Gahowes ; wentſchitſch goaguni lehellechejan talli hacking ne Nihillalachk Patamauwos milquon.

Guttaſch

unto Thousands of them that love me and keep my Commandments.

The Third Commandment.

Thou shalt not take the Name of the Lord thy God in vain: for the Lord will not hold him guiltless that taketh his Name in vain.

The Fourth Commandment.

Remember the Sabbath-Day, to keep it holy.

Six Days shalt thou labour, and do all thy Work: but the seventh Day is the Sabbath of the Lord thy God: in it thou shalt not do any Work, thou, nor thy Son, nor thy Daughter, thy Man-Servant, nor thy Maid-Servant, nor thy Cattle, nor thy Stranger that is within thy Gates.

For in six Days the Lord made Heaven and Earth, the Sea, and all that in them is, and rested the seventh Day: wherefore the Lord blessed the Sabbath-Day and hallowed it.

The Fifth Commandment.

Honour thy Father and thy Mother; that thy Days may be long upon the Land which the Lord thy God giveth thee

*Guttaſch endcheleneyachgiechüng Wtachpa-
wewoagan.*
Katſchi am genihillowewon.
*Niſchaſch endcheleneyachgiechüng Wtachpa-
wewoagan.*
Katſchi am kpoquihillachtowon Wikingewoagan.
*Chaſch endcheleneyachgiechüng Wtachpawe-
woagan.*
Katſchi a gomodgewon.
*Peſchgunk endcheleneyachgiechüng Wtachpa-
wewoagan.*
Katſchi a gemattachgenimawon Pechotſchigalquon.

*Metellen endcheleneyachgiechüng Wtachpawe-
woagan.*
Katſchi a gewinginamawawon Pechotſchigalquon Wikit, katſchi a gewinginamawawon Pechotſchigalquon Wiwall, woak nil Lennowall Wdallogagannall, woak nil Ochquewall Wdallogagannall, woak nalli Wdaweechemoſumall, woak Nechnajungeſum, woak temiki köcu nehellatank Pechotſchigalquon.

* * * * * * *

*Metellen endcheleneyachgat Wtachpawewoa-
gannall getſchijeijuwik.*
Matth. 22: 37, 38, 39, 40.
KTahowalauchtſch Nihillalachk Patamauwos un-
tſchi meſittſchewi Ktehenk, woak untſchi meſit-
tſchewi Ktſchitſchangunk, woak untſchi weemi Kteli-
tehewoaganünk, woak untſchi weemi Ktſchitaniſſo-
woaganünk.

Jun

The Sixth Commandment.

Thou ſhalt not kill.

The Seventh Commandment.

Thou ſhalt not commit Adultery.

The Eighth Commandment.

Thou ſhalt not ſteal.

The Ninth Commandment.

Thou ſhalt not bear falſe Witneſs againſt thy Neighbour.

The Tenth Commandment.

Thou ſhalt not covet thy Neighbour's Houſe, thou ſhalt not covet thy Neighbour's Wife, nor his Man-Servant, nor his Maid-Servant, nor his Ox, nor his Aſs, nor any Thing that is thy Neighbour's.

* * * * * * *

The Sum of the Ten Commandments.

Matth. 22: 37, 38, 39, 40.

THOU ſhalt love the Lord thy God with all thy Heart, and with all thy Soul, and with all thy Mind, and with all thy Strength.

Jun netamiechüng mecheek Wtachpawewoagan.

Woak jun icka wendachquiechüng nall woak linaquot: Ktahowalauchtſch Pechotſchigalquon elgiqui ahowalat kackey. Atta pili hattewi eluwi mecheek Wtachpawewoagan nall jul pſchuk.

Eph. 6: 1, 2, 3.

Amemenſtook awullſitto Kigeijujumowawak Nihillalquangünk: nanne li wulit.

Muchwelem Gooch woak Gahowes, nall jun netamiechen Wtachpawewoagan elgejank.

Wentſchitſch wawulamalleſſian, woaktſch goaguni lehellechejan talli hacking.

Col. 3: 20.

Amemenſtook awullſitto Kegeijujumowawak weemi köcu li: nen kehella wulelendamen Nihillalquank.

Luc. 2: 42—52.

Nen Jeſus attach niſcha getünnamite, witſchewoapannil Quigeijujumall li Jeruſalem, wunoſogammenewo Lilenowoagan mecheek giſchgu luwunſu Paſſah.

Metſchi lowihillake giſchguwall woak ktuckiwak, Amemens 'n Jeſus wtenk piwihilleep Jeruſalem, Joſeph woak Gahoëſſall atta owoatowunewoap.

Tſchuk litehewak piteet nigani witewoa, 'ngutti giſchque ſeki pachtit, ſaki 'ndonawanewo li Wdelangomawigewo woak Wewiechgukpannil.

Atta meechgawachtique lappi ktuckiwak li Jeruſalem wunattonawawawall.

Metſchi nacha giſchquike nanne mochgawanewo Patamoewigawanünk lemachdappit laweleney nik Gehachgegin-

This is the first and great Commandment.

And the second is like unto it: Thou shalt love thy Neighbour as thyself. There is none other Commandment greater than this.

Eph. 6: 1, 2, 3.

Children obey your Parents in the Lord: for this is right.

Honour thy Father and Mother, which is the first Commandment with Promise.

That it may be well with thee, and thou mayest live long on the Earth.

Col. 3: 20.

Children obey your Parents in all Things: for this is well-pleasing unto the Lord.

Luc. 2: 42—52.

When Jesus was twelve Years old, he went with his Parents to Jerusalem, after the Custom of the Feast called Passah.

And when they had fulfilled the Days, as they returned, the Child Jesus tarried behind in Jerusalem; and Joseph and his Mother knew not of it.

But they, supposing him to have been in the Company, went a Day's Journey, and they sought him among their Kinsfolk and Acquaintance.

And when they found him not, they turned back again to Jerusalem seeking him.

And it came to pass, that after three Days they found him in the Temple, sitting in the midst

*hachgegingetfchik, golfettawawall woak wunanach-
tutemawawall.*

*Woak weemi nik pendawachtik ganfchelendamook
eli noftank woak nachgutink.*

*Woak newoachtite ganfchelendamook, woak Gaho-
ëſſall wtuckol:* 'N*quis, quatfch ne libijenk? pennau
na Gooch woak ni knattonolhummena 'nfchiwelenda-
mohummena.*

*Wtellawall: Ta leu, wentfchi 'ndonawijeek? at-
ta gowoatowunewo 'ntellitfch ni mikindamen Nooch
Mikemoſſewoagan?*

*Tfchuk atta wunenoftawawiwall nen elquichtite.
Nanne witeen woak nanne paan Nazareth, woak
wawuliftawoapannil: Tfchuk Gaboëſall gullenumme-
nall weemi elaptonetüp wtehenk.*

*Woak Jefus allemikoop woak allemiwewoatam-
moop, wtuckauwuſſitagol Getannettowit woak jun
enda lauchfitfchik.*

---

*N*Oh*lfettammen Majawi Getannettowitünk;
    Wetochwünk, Wequifünk, woak
  Welfit M'tfchitfchangunk,
Nen gifchelendangup weemi Koecu,
Untfchi 'n Jefus Chriftüng,
Woak Chriftüng achpoop, mawindammeneep
    Peembackamigsid li whockeng.*

---

*Nihillalquenk, Ktemagelemineen!
Chrift, Ktemagelemineen!
Niluna gettemaki Machtfchilüſſijenk
    guwiwam mellohena.
Pendawineen ehowoalan Nihillalijenk Mpatamauwos!
                            Wuntfchi*

midst of the Doctors, both hearing them and asking them Questions.

And all that heard him were astonished at his Understanding and Answers.

And when they saw him they were amazed, and his Mother said unto him: Son, why hast thou thus dealt with us? behold thy Father and I have sought thee sorrowing.

And he said unto them: How is it that you sought me? wist ye not that I must be about my Father's Business?

And they understood not the Saying which he spake unto them. And he went with them and came to Nazareth, and was subject unto them: but his Mother kept all these Sayings in her Heart.

And Jesus increased in Wisdom and Stature, and in Favour with God and Men.

I Believe in the One only GOD Almighty;
  Father, Son, and
  Holy Ghost.
Who created all Things
By Jesus Christ,
And was in Christ, reconciling
  the World unto himself.

Lord, *have Mercy!*
Christ, *have Mercy!*
We poor Sinners
  pray Thee,
Hear us, our dear Lord *and* God!

From

Wuntſchi weemi Mattauchſowoagannal,
Wuntſchi weemi Wtawongelowoagan,
Wuntſchi Machtando Wdalluſowoaganünk woak
    Leppoewoaganünk,
Wuntſchi Machtagewoaganünk woak
    Mawottewoaganünk,
Wuntſchi weemi Medhicküng,
Genachgihineen ehowoalan Nihillalijenk
    M'patamauwos!

Wunſchi weemi Kpatatammoewoagannall
    Segauchſijannüp,
Ki eluwiwulik Gemitachpoagan,
K'mehemetangelowoagan woak kmoqui
    Ktahpteſſoagan,
Ktallowélemuwi K'moocum,
Ki eluwiwulik eli Meſchacanian,
K'machelemuwi Ktangelowoagan,
Ktallachimoëwoagan lalli woalhoalkejannup,
Eluwiwulik Ktamuiwoagan woak Ktaſpiwoagan
    li Awoſſagame,
Wulapenſohalineen woak wulilawehineen,
Ehowoalan Nihillalijenk M'patamauwos!

Wo ki Mpatamauwos Lamm nen pelilünnünk
    Peemhackamigek Machtauchſowoagan,
'Ngattummauwineen Gulangundowoagan!

Nihillalquenk gulapenſohalgun woak
    kuenatſchiechquon!
Nihillalquenk wteliton Wuſchgink giſchachſogun
    kakeng, woak wulantowoagan kteliechtak!
Nihillalquenk aſpocqueu Kpenak kakeng, woak
    gemiluk Wulanguntowoagan! Amen!

From all Sins,
From all Error,
From the Devil's Power and
    Craft,
From War and
    Famine,
From all Evil,
Preserve us, our dear LORD *and* GOD!

With all the Merits of thy
    Life,
Thy holy Birth,
Thy Agony and bloody
    Sweat,
Thy precious Blood,
Thy sacred Wounds,
Thy happy Death,
Thy Rest in the Grave,
Thy holy Resurrection and Ascension
    into Heaven,
*Bless us and comfort us,
    dear* LORD *and* GOD!

O thou Lamb of God, which takest away
    the Sin of the World,
Leave thy Peace with us.

The LORD bless Thee and
    keep Thee!
The LORD make his Face to shine upon
    Thee, and be gracious unto Thee!
The Lord lift up his Countenance upon Thee,
    and give thee Peace! Amen!

www.ingramcontent.com/pod-product-compliance
Lightning Source LLC
Chambersburg PA
CBHW020138170426
43199CB00010B/792